Liebeshexereien

Thea

Liebeshexereien

Das erotische Hexeneinmaleins

LUDWIG

Inhalt

Einleitung

Eine glückliche, erfüllte Partnerschaft wünschen sich die meisten Menschen. Wie aber findet man einen Partner, mit dem man leben kann – in einer Gemeinschaft, die beide zufrieden und glücklich macht? Auf jeden Fall braucht es Zeit und Geduld, einen anderen Menschen wirklich kennen zu lernen mit all dem, was ihn ausmacht. Deshalb sollten Sie sich genau überlegen, mit wem Sie sich einlassen – und wie.

> Das Geheimnis einer glücklichen Partnerschaft ist, zu sich selbst stehen und den anderen in seiner Einzigartigkeit zu akzeptieren.

Der Mensch ist nicht dazu verurteilt, allein zu leben. Um miteinander leben zu können, muss man jedoch die Wahrheit eines anderen Menschen respektieren lernen. Denn vor allem in Respekt und Rücksichtnahme liegt die Kunst des Miteinander. Das, was jeder Mensch fühlt und denkt, ist frei! Ihre ganz persönliche Wahrheit ist in Ihnen selbst – in jedem von uns.

Wenn Sie Ihr Leben also nicht allein verbringen möchten, sollten Sie Ihren Partner respektieren, seine Persönlichkeit mit allen Stärken und Schwächen akzeptieren und ihn nicht verändern wollen. Sie selbst können ja schließlich frei entscheiden, ob Ihre Wahrheit mit seiner Wahrheit leben kann.

Daher meine Botschaft:

»Zurück zu deinen Wurzeln! Zurück zu deiner Wahrheit: Jede Frau ist eine wahre Göttin! Jeder Mann ist ein mutiger Krieger!«

Ein Gedanke, der mir sehr gut gefällt, da es auch sehr viel Verantwortung für mich als Frau bedeutet, aus dem Kämpfer an meiner Seite einen mutigen Krieger zu machen. Ein mutiger Krieger zollt seinem Gegner den nötigen Respekt. Und eine verantwortungsbewusste Göttin ist sich ihrer Rolle unter vielen anderen Göttinnen sehr wohl bewusst!

Bevor Sie also das nächste Mal ausgehen, weil Sie jemanden kennen lernen möchten, sollten Sie sich Ihre »Rolle« in diesem Leben bewusst machen! Gehen Sie als wahre Göttin – oder als mutiger

Krieger! Praktisch heißt das, dass Sie sich als Frau in voller Schön-heit sehen lassen können. Pflegen und verwöhnen Sie sich, damit Ihre innere »wilde Frau« sich ganz entfalten kann. Betonen Sie Ihre äußeren Vorzüge. Achten Sie auf Ihre Sprache. Betören Sie durch Ihren Charme.

Dasselbe gilt natürlich auch für den Krieger. Doch der muss zusätz-lich fair und mutig sein. Ich persönlich lasse mich gern erobern, um dann das Leben partnerschaftlich mit meinem Krieger zu teilen, es ihm zu versüßen – und mich im Gegenzug verwöhnen zu lassen.

Das mag für manche Frau antiquiert oder unemanzipiert klingen. Aber heißt nicht Emanzipation, einander zu respektieren und zu akzeptieren? Sollten wir nicht manchmal innehalten und darüber nachdenken? Lassen Sie uns damit beginnen und unsere Wahrheit leben, denn ich glaube, kein Mensch verbringt sein Leben gern allein. Jeder wünscht sich eine ehrliche, schöne Partnerschaft – alles andere wäre eine Lüge.

> Der erste Schritt in eine glückliche Part-nerschaft und ein erfülltes Leben ist, sich selbst mit allen Schwächen und Stär-ken zu akzeptieren.

Folgende Bitte noch an alle männlichen Leser und mutigen Krieger: Legen Sie dieses Buch nicht gleich zur Seite, falls es Ihnen etwas feministisch erscheint, denn ich möchte Ihnen damit nur die kleinen Geheimnisse des weib-lichen Denkens etwas näherbrin-gen und Sie herzlich dazu er-muntern, Frauen mutig und respektvoll zu erobern, denn wir brauchen mutige und respektvolle Männer.

Ich möchte Ihnen gern dabei helfen, genauso glücklich und zufrieden zu werden, wie ich es auf meinem Weg werden durfte. Denn glücklich ist, wer lieben kann!

In Licht und Liebe
Ihre Thea

1. Lernen Sie sich selbst kennen

Natürlich wissen Sie genau, wie »er« aussehen muss, Ihr Traumpartner: Groß soll er sein, treu und liebevoll, breite Schultern zum Anlehnen und ein sympathisches Gesicht mit warmen Augen muss er haben – und dann natürlich noch einen Job, mit dem er genug Geld verdient. Sind das aber wirklich Ihre Vorstellungen? Oder handelt es sich hier eigentlich um die Wünsche, die durch Ihre Umwelt oder Ihre Erziehung hervorgerufen werden? Könnte es sein, dass Sie selbst vielleicht ganz andere Wünsche an Ihren Traumpartner haben? Vielleicht legen Sie viel mehr Wert darauf, dass er Humor hat, Sie gern zärtlich in den Arm nimmt? Dass ihm wichtig ist, wie es Ihnen geht, was Sie denken, was Sie beschäftigt?

Eigene Wünsche erkennen

Ob Familie, Freunde, Bekannte, Arbeitskollegen oder die Medien wie Zeitschriften, Fernsehen oder Werbung: Wir werden von so vielem beeinflusst, dass wir oft gar nicht mehr wissen, was wir selbst eigentlich wollen. Bevor Sie aber auf die Suche nach einem Partner gehen, sollten Sie das unbedingt wissen. Der »Richtige« ist nämlich der, mit dem man seine Bedürfnisse und Vorstellungen leben kann. Deshalb versuchen Sie erst einmal, sich selbst besser kennen zu lernen. Mit Hilfe der folgenden Tests können Sie herausfinden, welcher Liebes- und Partnerschaftstyp Sie selbst sind. Erst dann beschäftigen wir uns mit den Methoden, wie Sie einen Partner auf sich aufmerksam machen können.

Den anderen in seiner Persönlichkeit akzeptieren

In den folgenden Tests erfahren Sie viel über sich. Versuchen Sie, dieses Wissen in Ihr Leben – und Ihre Partnersuche – zu integrieren. Wenn Sie beispielsweise erfahren, dass Sie eine »hoffnungslose Romantikerin« sind, dann sollten Sie darauf achten, dass Ihr zukünf-

Versuchen Sie zuallererst zu erkennen, was Sie sich von einer Partnerschaft wünschen.

9

tiger Partner genau so viel Spaß an Zärtlichkeit hat wie Sie. Machen Sie sich keine Hoffnungen, den anderen ändern zu können. Ich habe zu viele Beziehungen auseinander brechen sehen, weil die Partner gewisse Bereiche unterschätzt haben – vor allem aber, weil sie dachten, sie könnten die Eigenschaften am anderen ändern, die sie nicht gut fanden. Wenn Sie eine glückliche Partnerschaft führen wollen, dann sollten Sie sich spätestens jetzt von der Illusion, den anderen ändern zu können, verabschieden. Selbst wenn es Ihnen vordergründig gelingen sollte, würden Sie damit nicht glücklich: Denn über kurz oder lang verabschiedet der Partner sich von Ihnen. Auch das habe ich mehr als einmal im Bekanntenkreis miterleben müssen.

Ob verträumt oder nüchtern: Wichtig ist, dass Sie und Ihr Partner auf einer »Wellenlänge« liegen, was Romantik betrifft.

Romantiker gesucht!

Brauchen Sie viel Zärtlichkeit? Lieben Sie romantische Situationen – und das möglichst täglich? Oder zählen für Sie »handfestere« Tatsachen – etwa Zuverlässigkeit und ein funktionierender Alltag – mehr als der Strauß rote Rosen und häufige Liebesgeständnisse? Im folgenden Test erfahren Sie, wie es um Ihre romantische Ader bestellt ist. Achten Sie dann auch bei einem neuen Partner darauf, dass er Ihre Einstellung teilt, zumindest aber vorbehaltlos akzeptieren kann. Es macht überhaupt nichts, wenn Sie eine »fanatische Romantikerin« sind und sich manche Filme, bei denen Sie Ihr Taschentuch oft herausholen können, dreimal auf Video ansehen – solange Ihr Partner dieselbe Einstellung dazu hat. Zumindest sollte ihn aber Ihr Verhalten überhaupt nicht stören.

Der Romantiktest

Treffen die folgenden Statements auf Sie zu? Geben Sie sich für jede mit »Ja« beantwortete Aussage einen Punkt.

1. Ich sage meinem Partner fast jeden Tag, dass ich ihn liebe.
2. Wenn wir zusammen fernsehen, noch etwas lesen oder uns ausruhen, haben wir immer auf irgendeine Art und Weise Körperkontakt: Wir fassen uns an den Händen oder sitzen eng nebeneinander gekuschelt auf dem Sofa.

3. Wenn mein Partner aus beruflichen oder anderen Gründen unterwegs ist, denke ich oft an ihn und vermisse ihn.

4. Auch in der Öffentlichkeit halten mein Partner und ich uns oft an den Händen, berühren und küssen uns.

5. Mein Partner hat im letzten halben Jahr wenigstens einen Liebesbrief oder eine kleine Liebesnotiz von mir erhalten.

6. Wenn wir uns bei einer gesellschaftlichen Veranstaltung nicht berühren können, tauschen wir zärtliche Blicke.

7. Wenn wir spazieren gehen, gehen wir Arm in Arm oder halten uns an den Händen.

8. Ich schaue meinen Partner oft an.

9. Wir treffen uns häufig zu einem romantischen Abendessen; mal koche ich, mal er – oder wir gehen in ein schönes Restaurant.

10. Ich kaufe oft kleine Geschenke für ihn.

11. Wenn wir tagsüber getrennt sind, freue ich mich jedes Mal, wenn er mich anruft.

12. Am Valentinstag lege ich Wert auf eine kleine Überraschung von ihm.

13. Ich habe das Gefühl, dass ich immer aufmerksam gegenüber meinem Partner bin.

14. Ich sehe mir vor allem im Kino gerne romantische Filme an.

15. Wir haben ein gemeinsames Fotoalbum, in dem ich unsere Erinnerungen festhalte.

Welche Rolle spielen liebevolle Gesten und kleine Aufmerksamkeiten für Sie?

Auswertung

0 bis 6 Punkte: An Ihnen ist kein Romantiker verloren gegangen. Für Sie sind Liebe und Partnerschaft eher von Zweckdenken bestimmt. Kein Wunder, wenn Sie noch *Single* sind. Wahrscheinlich sind Sie mit den Vorteilen, die das Alleinleben bietet, gar nicht unglücklich. Wenn Sie in einer *Beziehung* leben, sollten Sie darauf achten, dass Sie nicht mit einem sensiblen, sehr feinfühligen Partner zusammen sind. Er würde mit Ihrer nüchternen Art nur schwer klarkommen und sich schnell ungeliebt fühlen. Natürlich sind Sie in der Lage, Liebe zu empfinden, doch Sie äußern Ihre Gefühle einfach sehr beherrscht. Es kann gut sein, dass diese Kontrolle noch aus der Kindheit herrührt: Vielleicht war es in Ihrem Elternhaus nicht üblich, Gefühle zu zeigen oder zu sagen, was man denkt. Ein wahrer Romantiker hätte es daher heute schwer mit Ihnen. Sollten Sie sich trotz alledem in einen verlieben, sollten Sie beginnen, romantische Gefühle in sich selbst zu entdecken. Vielleicht haben Sie Ihre wahre Natur die ganze Zeit vor anderen verborgen, um nicht verletzt zu werden. Das ist übrigens oft der Grund, wenn Menschen sich sehr kontrolliert und »zugeknöpft« geben. Üben Sie doch ein wenig, Gefühle in sich zu entdecken: Gehen Sie raus in die Natur, lassen Sie einen schönen Herbsttag auf sich wirken, beobachten Sie einen Sonnenuntergang. So nüchtern und kühl, wie Sie sich gern geben, sind Sie doch gar nicht!

Ein kleines Ritual, das Ihnen helfen soll, etwas mehr Romantik in Ihr Leben zu bringen.

Ein Ritual für mehr Harmonie

Zutaten

etwas Melissen- und Salbeiblätter
ein Mörser
eine rosafarbene Ritualkerze
ein Zahnstocher
ein Glas Wasser und etwas Salz
etwas Abramelin Öl

Durchführung

Schneiden Sie die Melissen- und Salbeiblätter klein, und zerstoßen Sie dann beides im Mörser zu Pulver. Das ist die Grundlage für Ihre Räucherung. Nehmen Sie nun die Kerze, und ritzen Sie mit dem Zahnstocher eine Waage in die Kerze. Stellen Sie die Kerze in ein Glas mit Salzwasser. Lassen Sie die Kerze mindestens acht Stunden darin. Nachdem Sie die Kerze aus dem Wasser genommen haben, salben Sie sie mit Abramelin Oil.
Zünden Sie die Kerze an. Räuchern Sie dazu mit der Räuchermischung, und visualisieren Sie Ihren Wunschpartner. Stellen Sie sich vor, wie Sie mit dieser Person an einem einsamen, endlosen Strand entlanggehen. Nehmen Sie sich dazu mindestens 10 bis 15 Minuten Zeit. Im Hintergrund können Sie auch eine Musik mit sanften Meeresgeräuschen spielen.

Spaziergang am Strand – ein »Klassiker« unter den romantischen Erlebnissen.

7 bis 12 Punkte: *Als Single* dürften Sie mit Ihrem Bedürfnis nach Romantik keine Schwierigkeiten haben, da Sie zu der Mehrzahl der Menschen gehören, für die ein wenig Romantik im Leben manchmal dazugehört und manchmal nicht. Genau so werden Sie auch von Ihrer Umwelt eingeschätzt: Manche halten Sie für sensibel, auf andere wirken Sie eher kühl und distanziert.

Wenn Sie in einer *Paarbeziehung* Ihrem Partner ebenso zugestehen, seine wechselnden Bedürfnisse zu äußern, dürfte es zwischen Ihnen keine großen Probleme geben. Bei Ihnen und Ihrem Partner ist eine Mischung zwischen lässig und romantisch angesagt. Mit Menschen, die zu extrem in eine Richtung tendieren, können Sie wahrscheinlich nicht viel anfangen.

Sie gehören zu den Menschen, die ab und an gern etwas Romantik in den Alltag bringen.

Ritual der Ruhe

Zutaten

eine blaue Decke oder Unterlage
Kelch mit Wasser
eine blaue Ritualkerze
Indian Guide Oil

Durchführung

Setzen Sie sich im Schneidersitz auf die blaue Decke. Neben Ihnen steht der mit Wasser gefüllte Kelch. Salben Sie die Kerze von der Mitte beginnend zuerst nach oben und dann von der Mitte aus nach unten mit dem Öl. Zünden Sie die Kerze an, schließen Sie die Augen. Stellen Sie sich vor, dass ein blaues Licht von oben über Ihren Kopf strömt und sich im ganzen Körper verteilt. Stellen Sie sich bildlich vor, wie jeder Körperteil, jede einzelne Zelle mit diesem Licht gefüllt wird. Die Übung sollte etwa 20 bis 25 Minuten dauern. Wiederholen Sie das Ritual innerhalb von sechs Wochen mehrmals.

13 bis 15 Punkte: Hier kommt die wahre Romantikerin! Sie neigen dazu, jeden neuen Tag als Auftritt auf der Bühne Ihres Lebens zu sehen. Als *Single* haben Sie kein Problem damit, sich gekonnt in Szene zu setzen und alles zur Inszenierung zu machen. Achten Sie darauf, dass Sie dabei nicht übertreiben. In einer *Partnerschaft* könnte sonst leicht das Gefühl entstehen, dass Sie nur spielen, ohne wirklich mit der Seele dabei zu sein. Und letztendlich würden Sie damit genau die Menschen vertreiben, an denen Ihnen etwas liegt. Ihr Traummann sollte über die Fähigkeit verfügen, dem Alltag entfliehen zu können – natürlich mit Ihnen. Sollten Sie einen solchen Mann als Partner haben, dann könnten Sie zum Traumpaar werden.

> Dramatik, Spiel, romantische Inszenierungen – das alles kann das Leben bereichern, wenn es maßvoll eingesetzt wird.

Ein romantisches Liebesritual

Zutaten

eine rote und eine gelbe Ritualkerze
Venus Oil, Thea's Love Oil
Venusräucherung oder Thea's Adonisräucherung
eine rote Decke als Unterlage

Durchführung

Entzünden Sie immer freitags zwischen 14 und 15 Uhr oder 21 und 22 Uhr die beiden Ritualkerzen. Räuchern Sie dabei etwas von der Räuchermischung, und legen Sie Ihren Lieblingsring. Schmücken Sie den Altar auch mit ein paar Rosenblättern.

Was wissen Sie über Liebe?

Der folgende Test zeigt Ihnen, wie gut Sie über das Thema Liebe und Partnerschaft Bescheid wissen. Kann man mit Ihnen so richtig glücklich sein? Was wissen Sie über Beziehungen? Vielleicht erfahren Sie dabei noch einiges Neues über Beziehungen – und über sich selbst. Bewerten Sie die folgenden Aussagen mit »stimmt« oder »stimmt nicht« – in der anschließenden Testauflösung finden Sie die jeweils richtige Antwort ausführlich begründet.

Der Liebestest

1. Es gibt keine »Liebe auf den ersten Blick«.
2. Beim Sex sollte man unbedingt immer die Kontrolle über sich behalten.
3. Es ist vollkommen normal, wenn in langjährigen Partnerschaften Sex keine Rolle mehr spielt.
4. Wenn Liebende in der Öffentlichkeit zärtlich zueinander sind, ist das peinlich.
5. In einer Partnerschaft ist die Beziehung der Partner zueinander immer gleich gut.
6. Für guten Sex sollten die Beteiligten ruhig immer wieder einmal die Rollen tauschen: Der aktive Partner kann auch mal passiv, der sonst passive Partner aktiv sein.
7. Es ist grundsätzlich gut für die Beziehung, wenn eine Frau den Mann bewundert.
8. In einer guten Partnerschaft gibt es häufig Sex.
9. Ein Paar sollte immer alles zusammen unternehmen.
10. Wenn man heiratet, sollte man nur noch einen gemeinsamen Freundeskreis haben.
11. Im Beisein des Partners sollte man die Bewunderung für eine andere attraktive Person unterdrücken.
12. In einer Beziehung kann sich jeder der beiden Partner so geben, wie er wirklich ist.
13. Ein Liebespaar sollte eine gemeinsame Wohnung haben.
14. Für den Liebesakt sollte man frisch gewaschen sein und möglichst gut riechen.
15. Wenn man eine Beziehung hat, steht das Wohl des Partners an erster Stelle.

Wie man sich in einer Partnerschaft gibt, ist Sache der Intuition und der Erfahrung.

Zärtlichkeit und körperliche Anziehung machen eine Beziehung zu etwas Einzigartigem.

Auswertung

Zählen Sie Ihre richtigen Antworten zusammen. Sie erhalten jeweils einen Punkt für jede richtige Antwort.

1. Stimmt nicht.

Die viel zitierte »Liebe auf den ersten Blick« gibt es wirklich. Es haben mir schon zu viele Menschen ganz begeistert davon erzählt, wie sie gleich beim ersten Kennenlernen gespürt haben, dass sie genau mit diesem Partner ihr restliches Leben verbringen wollten. Ein prominentes Beispiel sind der Popsänger David Bowie und das somalische Model Iman. Sie wollen beim ersten Treffen beide sofort gewusst haben, dass sie zusammen Kinder haben werden.

2. Stimmt nicht.

Guter Sex ist spontan. Natürlich entstehen in einer langjährigen Partnerschaft bestimmte Rituale. Trotzdem sollte es immer wieder Gelegenheit geben, etwas Neues miteinander auszuprobieren. Guter Sex ist eine natürliche Angelegenheit – und die Natur kennt keine Kontrolle.

3. Stimmt nicht.

Aus Erzählungen zahlreicher älterer Paare weiß ich, dass Sex nach zwanzig, dreißig oder gar vierzig Ehejahren in den meisten Beziehungen zwar nicht mehr die ausschlaggebende Rolle spielt, doch ist er zweifellos ein wichtiger Bestandteil, und zwar völlig unabhängig davon, wie alt ein Paar ist.

4. Stimmt nicht.

Eine Beziehung zwischen zwei Menschen ist nichts Starres, Festes, sondern ein Prozess, der beide Partner immer wieder aufs Neue herausfordert.

Wenn sich ein Paar liebt und aus Liebe Zärtlichkeiten austauscht, so ist das nie peinlich. Wer Zärtlichkeiten peinlich findet, für den ist auch die Liebe peinlich.

5. Stimmt nicht.

Wie alles im Leben unterliegen auch Partnerschaften einem gewissen Zyklus. Je eher beide Partner bereit sind, diese Tatsache zu akzeptieren, desto besser können sie mit sich und ihrer Beziehung umgehen. Akzeptieren, dass kein Mensch immer gleich funktioniert, erleichtert den Umgang miteinander ungemein. Man beginnt, loszulassen und die Ansprüche an die Partnerschaft nicht mehr gar so hoch zu schrauben. Dieser Schritt kann für beide Partner sehr befreiend sein.

6. Stimmt.

Guter Sex hat mit Ausprobieren zu tun. Das heißt nicht, dass Sie sich in den unmöglichsten Stellungen verrenken sollen oder jede Woche ein neues Sexspielzeug ausprobieren müssen. Aber wenn Sie einander beispielsweise Ihre sexuellen Phantasien mitteilen können – was übrigens nicht allen Paaren leicht fällt –, wird Ihr Liebesleben abwechslungsreicher. Gerade für einen Mann ist es oft auch erleichternd, wenn er mal von der aktiven Rolle befreit und ganz raffiniert verführt wird.

7. Stimmt nicht.

Es schadet sicher nicht, wenn sie zu ihm aufschaut und ihn anhimmelt. Und mit Sicherheit wird es ihm anfangs sehr schmeicheln. Aber langfristig gesehen kann die Rolle des Helden sehr zur Belastung werden. Deshalb sollten Sie es mit der Bewunderung nicht übertreiben – auch wenn Sie ihn wirklich toll finden. Sie können ihm aber natürlich immer wieder sagen, dass Sie ihn lieben – und es möglichst auch von ihm gesagt bekommen.

8. Stimmt nicht.

Die Qualität der Partnerschaft hängt sicher nicht von der Häufigkeit des Geschlechtsverkehrs ab. Wichtig ist vielmehr, dass sich beide in der Beziehung wohl fühlen, und dass ihre Bedürfnisse dort halbwegs erfüllt werden. Und diese müssen nicht zwangsläufig im sexuellen Bereich liegen. Aber über all das muss geredet werden. Nicht häufiger Sex, sondern häufige Gespräche sind ein Indiz für eine gute Partnerschaft. Leider wird dieser Tatsache immer noch zu wenig Rechnung getragen: Eine aktuelle Umfrage ergab, dass Ehepartner im Durchschnitt nur noch zehn Minuten am Tag miteinander reden.

Versuchen Sie, sich von Vorurteilen frei zu machen: Jede Partnerschaft ist einzigartig, und nur Sie selbst bestimmen, was Ihnen wichtig ist.

17

9. Stimmt nicht.

Eine Partnerschaft lebt nicht nur von Gemeinsamkeiten, sondern auch von der Unterschiedlichkeit der Partner. Wenn also jeder der Partner auch immer wieder einmal allein etwas unternimmt – etwa ein Konzert besucht, an dem der andere nicht interessiert ist –, kann das die Beziehung sehr beleben. Zeitpunkt, Häufigkeit und Art dieser Unternehmungen müssen selbstverständlich miteinander abgesprochen sein.

10. Stimmt nicht.

Dasselbe gilt für gemeinsame Freunde: Den wenigsten Paaren gelingt es, auch Hobbys und Freunde, die zu Beginn der Beziehung jeder für sich allein hatte, über die Jahre hinweg zu retten. Damit berauben Partner sich jedoch eines wichtigen Reizes, den sie einmal für den Partner hatten. Denn dieser fand sie doch anfangs gerade wegen ihrer Vielseitigkeit interessant. Wissenschaftlich belegt ist auch, dass ein wenig »Aushäusigkeit«, vor allem auch für die Frau, die Attraktivität für den Partner erhöht.

11. Stimmt nicht.

In einer Beziehung sollte man sich offen geben können. Der andere muss es auch einmal ertragen können, wenn der Partner für jemanden oder etwas schwärmt, was nichts mit ihm zu tun hat. Das bedeutet natürlich nicht, dass man dem anderen ständig sagt: »Schau mal Schatz, der (die) sieht ja toll aus!« Aber Gefühle oder Begeisterung auf Dauer zu unterdrücken, dürfte der Liebe nicht gerade zuträglich sein.

Vergegenwärtigen Sie sich auch nach Jahren der Gemeinsamkeit immer mal wieder, um welcher Eigenschaften willen Sie sich in Ihren Partner verliebt haben.

Bewahren Sie sich eigene Interessen und einen Freiraum für Alternativen auch mal ohne Partner.

18

12. Stimmt.

Schließlich wollen Sie ja nicht eine Liebesshow aufführen, in der ständig »heile Welt« gespielt wird. Wenn beide Partner wissen, woran sie mit dem anderen sind, ist das die beste Voraussetzung für eine Beziehung. Dazu gehört auch, dass jeder von Anfang an sagt, wozu er Lust hat. Dem Partner zuliebe etwas zu machen, mag von Zeit zu Zeit angebracht sein, aber zum Dauerzustand sollte das auf keinen Fall werden.

So paradox es klingen mag: Die meisten Beziehungen scheitern daran, dass einer der Partner gar nicht mehr der ist, der er zu Beginn der Beziehung war. Leider muss ich sagen, dass das vor allem Frauen betrifft: Viele geben ihre Hobbys auf, widmen sich intensiv der Familie, und schnell ist aus der einst verführerischen, lebenslustigen Frau eine eher dröge Hausbesorgerin geworden. Da ich selbst Kinder habe, weiß ich, welche Anforderungen sie stellen – und natürlich auch der Haushalt und der dazugehörige Alltag. Trotz alledem sollten Frauen darauf achten, dass sie unbedingt einen Bereich für sich allein behalten. Egal, was das für Sie ist, Hauptsache, es gibt Ihnen Kraft und macht Freude: Gehen Sie einmal im Monat allein oder mit Freundinnen aus, beginnen Sie ein körperliches Wohlfühlprogramm mit Massagen, Wellnessübungen usw. Sie werden neue Energie spüren – es geht Ihnen besser, und Sie bleiben anziehend für Ihren Partner.

13. Stimmt nicht.

Zugegeben: Die meisten Paare ziehen irgendwann zusammen. Und genauso kommt dann irgendwann der Zeitpunkt, wo einer oder vielleicht auch beide feststellen, dass die Beziehung nur noch aus Gewohnheit und Alltagstrott zu bestehen scheint. Man trennt sich, lebt wieder in verschiedenen Wohnungen und stellt fest: Es prickelt wieder, man hat erneut Lust auf den anderen. Viele Paare haben diese Erfahrung gemacht, und es gibt tatsächlich einige, die daraus die Konsequenzen gezogen haben: prickelnde Beziehung mit einem gemeinsamen Leben – aber getrennten Wohnungen. Die »Laptogs« (in den USA nennt man sie »Living apart together«) werden immer zahlreicher, zumal die Zahl der Paare gestiegen ist, die eine zweite Beziehung eingehen, die nicht der Familiengründung dient. Beide Partner haben dann bereits eine Wohnung, und es kann wirklich ganz schön aufregend sein, wenn morgens noch ungewiss ist, in welcher Wohnung der Tag enden wird. Wenn also die Beziehung

Wichtig für eine Partnerschaft: Bleiben Sie der Mensch, in den sich Ihr Partner irgendwann einmal verliebt hat.

nicht der Familiengründung dient, sondern frei gestaltet werden kann, dann ist es kein »Muss« mehr, gemeinsam eine Wohnung zu beziehen. Mittlerweile sind in meinem Bekanntenkreis drei Ehepaare, die nach anfänglichem Zusammenwohnen beschlossen haben, getrennte Wohnungen zu beziehen. Eines dieser Paare ist sich sicher, dass ohne die räumliche Trennung nach fünfzehn (!) Jahren Zusammenwohnen ihre Beziehung nicht mehr bestehen würde.

14. Stimmt.

Ein frisch gewaschener, gepflegter Partner ist einfach eine Wohltat für Körper und Sinne, es sei denn, dass der andere gerade durch die intensiven Düfte des Partners erregt wird. Das kann man ja absprechen. Sollten Sie jedoch Ihrem Geliebten ausdrücklich gesagt haben, dass Sie es frisch und duftend lieben, und er Sie trotzdem mit eigenwilligen Gerüchen beglückt, dann jagen Sie ihn so schnell wie möglich zum Teufel. Das ist nämlich keinesfalls männlich, sondern einfach nur rücksichtslos. Und Sie können sicher sein, dass einem solchen Partner Ihre Meinungen und Wünsche in sämtlichen anderen Bereichen des Lebens ebenso gleichgültig sein werden. Wenn Sie zukünftig glücklich sein wollen, dann ohne einen so egoistischen Partner.

Eine Beziehung zu führen heißt, immer wieder die Balance zwischen Autonomie und Kompromiss zu finden.

Zu dir oder zu mir? Eine Beziehung mit räumlicher Distanz hat ihren eigenen Reiz.

20

15. Stimmt nicht.

In einer guten Beziehung ist niemals das Wohl eines Partners das allein Maßgebliche. Vielmehr werden beide Beteiligten versuchen, einander Gutes zu tun, ohne dabei ständig aufzurechnen. Dass dabei mal der eine, dann wieder der andere an erster Stelle steht, ergibt sich von selbst. Jedenfalls schadet es nie, wenn Sie gleich zu Anfang der Beziehung darauf achten, dass Ihre Bedürfnisse nicht zweitrangig sind. Leider sind gerade Frauen schnell dabei, Ihre Wünsche zugunsten denen des Partners oder der Familie hintanzustellen. Wenn Sie das von Zeit zu Zeit tun, mag das ja noch in Ordnung sein. Aber achten Sie darauf, dass es nicht zur Gewohnheit wird.

Für jede richtige Antwort durften Sie sich einen Punkt geben. Lesen Sie nun, wie gut Sie sich in puncto Beziehungen auskennen …

Auswertung

Weniger als 6 Punkte: *Für Singles:* Es würde mich sehr erstaunen, wenn Sie in einer langjährigen Partnerschaft ausharren könnten, denn eigentlich sind Sie der typische Single: eher auf sich selbst bezogen und mit wenig Interesse für eine Beziehung. Das klingt jetzt vielleicht hart, aber: Bleiben Sie lieber Single. In einer Partnerschaft würden Sie sich mit Ihren extremen Ansichten über die Liebe sehr schwer tun.

Für Paare: In Ihrer Beziehung dürften partnerschaftliche Gemeinsamkeiten keine große Rolle spielen. Ihnen ist ein gewisser Status und das gemeinsam erarbeitete finanzielle Polster wichtiger als die Beziehung an sich. Sind Sie mit diesem Zustand zufrieden, ist es gut, wenn nicht, sollten Sie Ihre fehlenden Kenntnisse im Beziehungsbereich durch entsprechende Bücher oder den Besuch geeigneter Kurse zum Beziehungsleben auffrischen.

7 bis 9 Punkte: *Für Singles:* Sie wünschen sich zwar eine Beziehung, doch eigentlich sind Ihnen Ihr großer Freundeskreis und Ihr Beruf wichtiger. Haben Sie sich denn schon einmal überlegt, wie Sie zeitlich einen Partner unterbringen sollen? Bei Ihren vielen Aktivitäten bleibt dafür nämlich keine Zeit. Und wenn Sie ehrlich sind, ist es Ihnen auch recht so. Zwar jammern Sie immer mal wieder im Freundeskreis, dass Sie den Richtigen noch nicht gefunden haben, doch eigentlich fehlt Ihnen zum Glücklichsein kein Partner.

Es ist keine Schande, sich in manchen Bereichen des Lebens nicht so gut auszukennen. Wichtig ist die Bereitschaft dazuzulernen.

Für Paare: Sie könnten mehr aus Ihrer Partnerschaft oder Ihren Beziehungen machen, aber Sie wollen nicht so richtig, stimmt's? Gerade sind Sie an einem Punkt angelangt, wo Sie keine Lust haben, immer derjenige zu sein, der die Beziehung am Laufen hält. Vielleicht sollten Sie sich einfach mal ein paar Tage Auszeit nehmen, um herauszubekommen, ob Sie überhaupt auf diese Art weitermachen möchten.

9 bis 11 Punkte: *Für Singles:* Ihre Kenntnisse über Beziehungen sind beachtlich. Ein Dauersingle sind Sie sicher nicht, und mit Ihrem derzeitigen Zustand dürften Sie auch nicht unbedingt zufrieden sein. Sie sollten schauen, dass Sie wieder in einer partnerschaftlichen Beziehung leben können. Inserieren Sie doch mal, falls Sie das noch nicht getan haben, und probieren Sie es mit den magischen Tipps (siehe Seite 55 ff.).

Für Paare: Sie wissen sehr viel über Beziehungen – das nutzt auch Ihrer Partnerschaft. Wer mit Ihnen zusammen ist, kann sich glücklich schätzen. Ihre Beziehung ist Ihnen sehr wichtig, und Sie sind daran interessiert, sie zu erhalten. Lesen Sie vor allem, wie Sie Ihren Liebespartner verführen und bezaubern können (Seite 113 ff.).

> In einer guten Beziehung entwickeln sich beide Partner ständig weiter und lernen voneinander.

12 bis 15 Punkte: *Für Singles:* Sicher sind Sie nur vorübergehend allein – bei Ihren Kenntnissen in Sachen Liebe! Tipps, die Ihnen bei der Partnersuche helfen, finden Sie ab Seite 53. Versuchen Sie, mit dem Mondzauber zu arbeiten, damit Sie in eine gute Stimmung kommen. Denn über Sie darf sich jeder potenzielle Partner freuen.

Für Paare: Herzlichen Glückwunsch! Ihre Beziehung müsste der Himmel auf Erden sein, wenn es Ihnen gelingt, Ihre überdurchschnittlichen Kenntnisse über die Liebe praktisch umzusetzen. Sie sind ein absoluter Beziehungsmensch. Selbst wenn eine Bindung zu Ende geht, dauert es bis zum Beginn der nächsten nie lange.

Welcher Liebestyp sind Sie?

Sie haben es gleich geschafft! Jetzt brauchen Sie nur noch mit Hilfe des folgenden Tests festzustellen, welcher Liebestyp Sie sind, dann ist Ihr individuelles Liebespsychogramm komplett. Sie wissen dann genau, welche Rolle Romantik in Ihrem Leben spielt, wie es um Ihre Liebeskenntnisse bestellt ist, und welche Beziehungsqualität Sie sich wünschen. Und mit diesem Wissen haben Sie sozusagen gleichzeitig ein Suchbild Ihres Partners.

Wenn Sie in einer Partnerschaft leben, können Sie überprüfen, ob diese wirklich Ihren Bedürfnissen entspricht. Sollten Sie auf der Suche sein, machen Sie sich mit diesen Tests bewusst, was Sie wirklich wollen. Hier nun also noch der »Liebestyptest«: Beantworten Sie die folgenden Fragen mit Ja oder Nein.

Wenn Sie sich bewusst gemacht haben, was Sie selbst vom Leben und von einer Beziehung erwarten, können Sie beginnen, etwas dafür zu tun. Und Sie fühlen schneller, ob Ihr Partner ähnliche Vorstellungen hat.

Mad Love

Manche Menschen brauchen Eifersucht, Sehnsucht, Schmerz, die Skala der großen Gefühle … Sind Sie auch verrückt vor Liebe?

1. Ich kann mich kaum auf etwas anderes als auf ihn konzentrieren.
2. Seit dem Beginn unserer Beziehung schlafe ich oft schlecht.
3. Beobachtet mein Partner andere Frauen, werde ich sofort rasend eifersüchtig.
4. Ich habe oft Magenschmerzen, wenn er nicht da ist.
5. Jeder Tag ohne ihn macht mich krank.

»Mad lover« brauchen dramatische Gefühle und inszenieren gern Liebe und Leid.

23

Brüderchen und Schwesterchen

Es gibt Beziehungen, die vor allem auf dem freundschaftlichen Umgang miteinander beruhen. Sex ist in solchen Partnerschaften oft nebensächlich.

1. Bevor wir ein Paar wurden, waren wir schon längere Zeit gute Freunde.
2. Mit meinem Partner möchte ich ein ganzes Leben lang befreundet sein.
3. Menschen, die verrückt nach Sex sind, kann ich überhaupt nicht verstehen.
4. Mit meinem Partner möchte ich alt werden.
5. Ich bin absolut sicher, dass mein Partner mich niemals verlassen würde.

Auch wenn uns Medien und »Mode« etwas anderes erzählen: Es gibt durchaus sehr glückliche Beziehungen, in denen Sex nicht die Hauptrolle spielen muss.

Sex-Love

Das ist die Liebe, von der wir im Kino nicht genug bekommen können: erotischer, leidenschaftlicher Sex und tiefe Gefühle. Sind Sie ein »Sex-Lover«?

1. Bei meinen Beziehungen dauert es nie lange, bis Sex im Spiel ist.
2. Eine Beziehung ohne Sex kann ich mir nicht vorstellen.
3. Körperlich fahre ich immer voll auf meinen Partner ab.
4. Wir verstehen uns ohne viele Worte.
5. Ich habe das Gefühl, die Traumfrau/der Traummann für meinen Partner zu sein.

Das Luder

Spielen Sie gern mit dem Partner und der Liebe? Bloß nicht zu viel Gefühl lautet die Devise dieses Liebestyps. Testen Sie, ob Sie ein »Luder« sind.

1. Einem Flirt bin ich nie abgeneigt, auch wenn ich in einer festen Beziehung lebe.
2. Meistens habe ich zum Ende einer Affäre bereits wieder eine neue Beziehung.

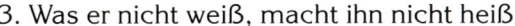
3. Was er nicht weiß, macht ihn nicht heiß.

4. Über frühere Beziehungen schweige ich.

5. Wenn ich befürchte, dass mein Partner von mir abhängig wird, ziehe ich mich lieber zurück.

Vernunftliebe

Beziehungen, die eher auf praktischen Überlegungen als auf leidenschaftlichen Gefühlen basieren, gibt es öfter, als man denkt. Das Motto dieser Partnerschaften: Für jeden Topf gibt's einen passenden Deckel. Der Partner wird vor allem nach sachlichen Gesichtspunkten ausgewählt.

1. Für mich war wichtig, dass ich ihn mir als Vater meiner Kinder vorstellen kann.

2. Eine finanzielle Grundlage ist ausschlaggebend für den Bestand einer Beziehung.

3. Mein Partner muss zu meiner Familie passen.

4. Ich kann mir nur einen Partner aus ähnlichen Verhältnissen vorstellen.

5. Ich lege viel Wert auf ein harmonisches Familienleben.

Auswertung

Geben Sie sich für jede mit »Ja« beantwortete Aussage fünf Punkte, für ein »Nein« jeweils einen Punkt. Zählen Sie nun für jeden Kurztest extra die Punkte zusammen. Sie neigen zu dem Liebestyp, bei dem Sie die meisten Punkte erzielt haben. Und hier die Beschreibung der verschiedenen Beziehungscharaktere:

Mad Love: *Als Single* haben Sie wahrscheinlich keine Schwierigkeiten, Mad Love zu leben: Viele Männer in langjährigen Partnerschaften sehnen sich nach Abwechslung, denn intensive gefühlsmäßige Höhenflüge sind in solchen festen Beziehungen nicht mehr so oft gegeben. An Abenteuern wird es Ihnen also nicht mangeln. Sie müssen nur darauf achten, dass Sie bei Ihren fast grundsätzlich folgenden Abstürzen in emotionale Jammertäler nicht ganz allein sind. Bei Mad-Lovern kommt so etwas recht häufig vor, denn Liebe ohne Leid gibt es für sie nicht. Bei Ihrer Neigung zum Extremen sollten Sie also immer einen guten Freund oder eine Freundin zum Trös-

Egal, welcher Beziehungstyp Sie sind: Achten Sie grundsätzlich darauf, dass es neben Ihrem Partner auch noch andere Menschen in Ihrem Leben gibt, zu denen Sie eine gute Beziehung haben.

ten an Ihrer Seite haben, sonst könnte es für Sie gefährlich werden. *Wenn Sie in einer Paarbeziehung leben,* sollten Sie sich auf jeden Fall mit einem interessanten und vielleicht auch eher komplizierteren Menschen zusammengetan haben, denn als Mad-Lover suchen Sie schnell das Weite, sobald Sie sich in Ihrer Beziehung langweilen. Ihr Partner muss genauso intensive Lebenslust haben wie Sie. Wenn es aus irgendwelchen Gründen ordentlich kracht in der Beziehung, ist Ihnen das lieber als ein nach außen hin harmonisches Nebeneinander-her-Leben. Sie wollen und brauchen Intensität und Abwechslung.

Brüderchen und Schwesterchen: *Als Single* sollten Sie sich so schnell wie möglich nach »Ihrem« Brüderchen oder Schwesterchen umschauen, denn für das Alleinsein sind Sie nicht geschaffen.

Wenn Sie in einer Paarbeziehung leben, kann diese wirklich ewig halten, vorausgesetzt, Ihr Partner teilt Ihre Einstellung. Sie müssen lediglich von Zeit zu Zeit versuchen herauszufinden, ob das noch immer der Fall ist. Vorsicht, wenn er auf einmal von Überstunden erzählt oder plötzlich wild in einem Fitnessstudio trainiert. Er könnte Geschmack an Sex-Love gefunden haben. Mit einem gemütlichen Zuhause können Sie dafür sorgen, dass er Ihr Brüderchen bleibt.

In diesem Test erfahren Sie, was Ihnen in der Partnerschaft besonders wichtig ist. Und Sie haben die Chance, bisher eher vernachlässigten Bereichen einer Beziehung mehr Aufmerksamkeit zu schenken – sei es Freundschaft, seelischer Gleichklang oder Sex.

Sex Love: Wenn Sie *Single* sind, wird es Ihnen sicher nicht schwer fallen, Ihr Bedürfnis nach Liebe pur immer zu stillen, denn die meisten Männer haben nichts gegen unkomplizierten schnellen Sex.

In einer Paarbeziehung müssen Sie unbedingt darauf achten, dass Ihr Partner genauso viel Interesse an Körperlichkeit hat wie Sie. Dieses Interesse lässt sich nicht »antrainieren«! Sie sollten nur eine Verbindung mit einem Partner eingehen, für den Sexualität einen ähnlich hohen Stellenwert hat wie für Sie. Denn als Sex Lover werden Sie auf Dauer nur in einer Partnerschaft zufrieden sein, in der Sex eine wichtige Rolle spielt.

Das Luder hat als *Single* vermutlich häufig unverbindliche Beziehungen – und ist recht begehrt, weil es Lust, Laune und Lockerheit verbreitet.

Falls Sie mal die Lust auf Beständigkeit in einer *Paarbeziehung* packen sollte, achten Sie darauf, dass Ihr Partner ein ähnlicher Typ ist: Auch ihm sollte die Leichtigkeit des Seins nicht fremd sein. Gönnen Sie sich stets ausreichend Abstand voneinander, sorgen Sie zum Beispiel für getrennte Lebensbereiche (möglichst unterschiedliche Berufe oder Arbeitsstellen, getrennte Wohnungen u. Ä.). Ihr Zusammensein sollte immer etwas Besonderes bleiben und nicht zum Alltag gehören, denn Luder, gleich, ob weiblich oder männlich, bekommen erst dann richtig Lust, wenn etwas nicht selbstverständlich ist.

Vernunftliebe: Wenn Sie hier die meisten Punkte erzielt haben, dürften Sie kein *Single* mehr sein. Denn als Vernunftliebende haben Sie Ihre Partnerschaft sicher schon von langer Hand geplant und auch schon in die Realität umgesetzt.

Als *Paar* kann Ihnen in einer Vernunftliebe alles gelingen, denn Sie coachen sich gegenseitig zum Erfolg. Vernunftliebenden kann fast überhaupt nichts dazwischenkommen, da sie eigentlich in jeder Problemsituation eine Lösung finden. Und sogar wenn einer der Partner kurzfristig einmal zum Sex-Love-Typ werden sollte, ist das keine Gefahr für die Beziehung: Der andere ist nämlich so vernünftig, dass er weiß, dass dieser Ausrutscher nur vorübergehend sein wird. Und so lange wartet er.

Gerade bei Krisen in der Partnerschaft werden Sie immer wieder merken, wie schwierig es sein kann, sich gegen Erwartungen und Wünsche Dritter abzugrenzen und zu erspüren, was man selbst eigentlich will.

Einander helfen und sich auch in beruflichen oder anderen Bereichen gegenseitig unterstützen – in der »Vernunftliebe« selbstverständlich.

Sieben Tipps für Lebens-
lust und Attraktivität

Sie wissen nun, welche Aspekte einer Liebesbeziehung wichtig für Sie sind. Auf den folgenden Seiten erfahren Sie, wie Sie sich mit sich selbst so richtig wohl fühlen – und so auch für das andere Geschlecht noch attraktiver werden.

Achten Sie sich selbst

Sie haben keine Lust mehr, ständig nur zu geben, keine Lust, zu verzichten, keine Lust, immer nur für andere da zu sein? Das kennen viele Frauen, die durch eine oder mehrere Beziehungen gegangen, dabei einige Jahre älter geworden sind – und danach nicht selten schlechter dastehen als vorher. Wenn Sie an dieser Stelle Ihres Lebens angelangt sind, wird es Zeit, dass Sie an sich selbst denken und vielleicht Ihre Umgebung und Ihren Alltag etwas umgestalten. Die folgenden Tipps können Ihnen dabei helfen:

1. Ziehen Sie sich zurück!

Sie haben richtig gehört: Wenn Sie etwas in Ihrem Leben verändern wollen, müssen Sie sich erst einmal zurückziehen. Ohne Rückzug gibt es keine wirkliche Veränderung. Rechnen Sie ruhig damit, dass die Menschen um Sie herum Ihren Wunsch nach Veränderung nicht unbedingt unterstützen. Denn die wissen, dass dabei einige ihrer Vorteile entfallen könnten.

Ich weiß, dass es sehr schwierig sein kann, sich aus dem Alltag »auszuklinken«. Aber es ist möglich, wenn Sie es wirklich wollen. Sie können zu einer Freundin fahren, um Ruhe und Abstand zu haben. Wenn Sie es sich leisten können, gönnen Sie sich ein paar Tage in einem Wellnesshotel. Oder Sie verbringen eine Woche in einem Kloster. Überlegen Sie, wie Sie in Ihr neues Leben starten wollen, und setzen Sie es möglichst zügig um. Denn zu viel Nachdenken fördert eher Zweifel als die Entschlusskraft.

> Sich selbst zu lieben, ist eine wichtige Voraussetzung dafür, dass auch andere Menschen einem Liebe und Achtung entgegenbringen.

2. Investieren Sie Zeit, Kraft und Liebe – in sich selbst

Beginnen Sie doch einmal, sich selbst als »Ihr Kapital« zu sehen. Und machen Sie das Beste daraus! Sie werden erstaunt sein, wie gut Ihnen das tun wird, und welche Veränderungen sich daraus ergeben. Dabei denke ich nicht nur an äußerliche Veränderungen – wobei regelmäßig etwas Sport, ausgewogene Ernährung oder ein guter Haarschnitt noch niemandem geschadet haben. Aber die folgenden Vorschläge sollen darüber hinausgehen: Ein starkes Selbstbewusstsein macht attraktiv. Lernen Sie doch jetzt die Fremdsprache, von der Sie bereits als Kind geträumt haben. Und zeigen Sie ein wenig Phantasie dabei. Englisch und Französisch sprechen viele. Wie wäre es mit Arabisch oder Japanisch? Das muss nicht teuer sein, denn mittlerweile bietet jede Volkshochschule solche Kurse an. Dort lernt man oft auch interessante Menschen kennen: Zwei meiner Freundinnen schwärmen richtig gehend von ihren Exotiksprachkursen und den dort geschlossenen Kontakten.

Eigene Interessen zu pflegen, tut Ihnen gut, und macht Sie zu einem interessanteren Menschen und zum anziehenden Gesprächspartner.

Intelligenz und ein breites Allgemeinwissen machen einen Menschen interessant. Deshalb sollten Sie es sich angewöhnen, täglich informiert zu sein. Lesen Sie die Zeitung nicht allein zu Hause, sondern setzen Sie sich dafür ins Café, wo Sie Leute beobachten und

Nehmen Sie eigene Wünsche und Bedürfnisse bewusst wahr – und setzen Sie sie in die Tat um!

mit ihnen ins Gespräch kommen können. Wenn sich Ihr Leben ändern soll, müssen Sie sich ändern. Der Traummann kommt nicht zu Ihnen nach Hause – auch wenn Sie noch so viel zaubern. Aber Sie können sich für ihn empfänglich zeigen. Gehen Sie aus, und zeigen Sie sich. Nehmen Sie jede Einladung an, und signalisieren Sie Kontaktbereitschaft. Sie werden sehen, das verschafft Ihnen selbst gute Laune. Und eine positive Lebenseinstellung ist eine der wichtigsten Voraussetzungen, um geliebt zu werden!

3. Lieben Sie sich!

Es steht schon in der Bibel: Liebe deinen Nächsten wie dich selbst. Leider sieht es mit der Verwirklichung dieses Gebotes schlecht aus, denn die meisten Menschen lieben sich nicht einmal selbst. Genau hier liegt das Problem: Wie soll man die Liebe eines anderen Menschen ertragen, wenn man die Einstellung hat: »Ich bin nicht liebenswert!« Wer diese Meinung über sich selbst hat, kommt jedoch in einen geistigen Teufelskreis: Er unterstellt dem anderen, dem falschen Menschen, nämlich einem selbst, Zuneigung zu schenken. Der »Interessent« kann also nicht besonders pfiffig sein. Ein solch »dummer« Mensch ist natürlich unserer Liebe nicht wert. Letztendlich halten wir mit dieser Einstellung natürlich jeden anderen Menschen auf Abstand.
Beginnen Sie also bei sich selbst: Gesunde Selbstliebe verleiht Ihnen Attraktivität und vor allem die Fähigkeit, andere – genau wie sich selbst – lieben zu können. Sich selbst zu schätzen, hat also nichts mit Egoismus zu tun, wenn es nicht ins Gegenteil umschlägt und daraus Narzissmus oder Arroganz werden. Wenn Sie sich selbst gut finden, macht Sie das auch in den Augen anderer interessant. Die wenigsten Menschen wünschen sich schließlich ein unscheinbares Mauerblümchen, sondern einen Partner, der auch selbst weiß, was er wert ist.

Jede Frau ist eine Göttin ...

Der erste Schritt zu mehr Selbstliebe ist es, den eigenen Körper anzunehmen, wie er ist. Schluss mit der überkritischen Beobachtung und Beurteilung von Busen, Bauch, Hüften und Oberschen-

> Jeder Mensch hat Schwächen. Es macht keinen Sinn, diese überzubewerten, denn an Ihnen gibt es auch viel Liebenswertes, und Sie besitzen Eigenschaften, die Sie zu etwas Besonderem machen.

keln! Untersuchungen haben ergeben, dass selbst Models und andere Frauen, die in der Öffentlichkeit als »perfekt« gelten, Teile ihres Körpers hässlich finden. Haben Sie aber schon einmal einen Mann über seinen Körper schimpfen hören? Waren Sie jemals Zeuge, wie ein Mann überhaupt schlecht über sich geredet hat? Nein, denn das kommt wirklich sehr selten vor. Ich habe alle Männer gefragt, die ich kenne, und nur ein einziger konnte sich erinnern, dass sich einer seiner Freunde über den eigenen schlaffen Bauch aufgeregt hat.

Und wie viele Frauen denken schlecht über ihren Körper? Alle, zumindest hier in Europa. Alle Frauen, die ich näher kenne, beginnen irgendwann negativ über ihren Körper zu reden. Und das, obwohl dieser den meisten von ihnen Tag für Tag funktionsbereit und nahezu unermüdlich zur Verfügung steht. Falls Sie auch eine solch harte Einstellung zu Ihrem Körper haben, sollten Sie sie jetzt ändern. Beginnen Sie, sich selbst liebevoller zu sehen. Niemand ist vollkommen, jeder ist ein Individuum. Die Natur hat das so vorgesehen.

> Ihr Körper ist Teil Ihrer Persönlichkeit. Er ist unverwechselbar und auf seine Art wunderschön.

Aktiv werden – selbst etwas verändern

Sollten Sie allerdings zu den wenigen Frauen gehören, die wirklich Grund haben, an ihrem Körper etwas zu beanstanden, dann überlegen Sie doch, wie Sie tatsächlich etwas verändern können, um sich besser zu fühlen. Wenn Sie abnehmen möchten, können Sie sich einer Weight-Watchers-Gruppe anschließen. Wenn Sie gern sportlicher und besser in Form sein möchten, reicht es wahrscheinlich schon, dreimal wöchentlich Ausdauersport zu treiben. Wichtig ist nur: Werden Sie aktiv, um Ihr Körpergefühl zu verbessern. Der kleinste Schritt in diese Richtung wirkt sich auf Ihr Energiepotenzial positiv aus. Ich möchte Ihnen jetzt noch eine besonders schöne Übung vorstellen, mit deren Hilfe Sie Ihre Körperwahrnehmung positiv verändern können:

Das innere Lächeln

Das »innere Lächeln« ist eine buddhistische Übung. Sie hilft, Liebe und Selbstliebe in uns zu wecken. Außerdem werden die Selbstheilungskräfte angeregt. Ähnlich wie die verschiedenen Körperübungen im Yoga hat auch das innere Lächeln eine zellreinigende Wirkung, so dass Sie sich anschließend erfrischt und gestärkt fühlen werden. Wenn Sie mit Ihrem Körper unzufrieden sind, üben Sie am besten vor dem Spiegel. Sie werden feststellen, dass Sie anschließend liebevoller mit sich umgehen können.

Sie können diese Übung jederzeit schnell durchführen, wenn Sie sich nicht so gut fühlen, oder wenn Sie einfach nur das Bedürfnis haben, sich etwas Gutes zu tun. Wenn Sie diese Übung regelmäßig anwenden, lernen Sie, auch sich selbst Liebe zu geben. So, wie Sie sonst anderen zulächeln, lassen Sie bei dieser Übung diese Kraft nach innen strömen und geben sie sich selbst.

So üben Sie

Setzen Sie sich auf den Boden. Der Rücken bleibt dabei möglichst gerade. Schließen Sie die Augen. Versetzen Sie sich gedanklich in eine Situation, in der Sie sehr glücklich waren. Denken Sie dabei nur an den Glückszustand, nicht an die Ereignisse, die ihn hervorgerufen haben. Jetzt richten Sie dieses Gefühl ganz in Ihre Mitte. Spüren Sie, wie es wärmend in Ihren Bauch fließt. Stellen Sie sich vor, wie goldene Wärme sich in Ihrem Innersten ausbreitet und es völlig ausfüllt.

Ob Yoga, Tai-Chi oder Aerobic: Finden Sie Möglichkeiten, Ihren Körper zu regenerieren – und haben Sie Spaß dabei!

Üben Sie konzentriert, aber entspannt. Ihre Gedanken sollen dabei nicht abschweifen, sondern völlig im Hier und Jetzt sein.

4. Tanken Sie immer wieder neue Energie

Wir reinigen regelmäßig unsere Wäsche, duschen täglich, putzen ständig unsere Wohnung. Und wie sorgen Sie dafür, dass Sie sich energetisch »sauber« fühlen? Das wird kaum einem als Kind beigebracht. Dabei ist es so wichtig, sich auch von negativen Energien zu reinigen, die man aus der Umwelt aufnimmt.

Stopp! Betrachten Sie Ihren Freundes- und Bekanntenkreis auch einmal unter dem Aspekt, dass auch Freundschften aus Geben und Nehmen bestehen. Wer Sie immer nur in Anspruch nimmt, kostet auf die Dauer zu viel Kraft.

Auch Seelenballast regelmäßig »entsorgen«

Sie kommen von einem Arbeitstag nach Hause, der eigentlich gar nicht so anstrengend war. Trotzdem fühlen Sie sich völlig ausgelaugt und kaputt. Auf den ersten Blick finden Sie dafür keinen Grund. Dann fällt Ihnen ein, dass eine Ihrer Kolleginnen fast eine Stunde in Ihrem Büro war und Ihnen von ihrem kranken Mann erzählt hat. Sie haben ihr zugehört, weil sie Ihnen Leid tat. Und dann war da noch der Anruf Ihrer Mutter in der Mittagspause. Eigentlich wollten Sie gerade ein wenig an die frische Luft gehen, als das Telefon klingelte. Sie haben sich nicht getraut, das Gespräch zu beenden, schließlich hat es Ihre Mutter ja auch nicht leicht. Für den Spaziergang in der Mittagspause war dann keine Zeit mehr. Ach ja, und als Sie beim Nachhausekommen Ihr Auto in die Garage stellten, kam die Nachbarin, um Sie über den neuesten Krach mit dem faulen Hausmeister zu unterrichten. Wundern Sie sich jetzt noch, warum Sie ausgelaugt sind?

Sollten sich solche Situationen in Ihrem Alltag häufen, dann müssen Sie dafür sorgen, dass Sie regelmäßig neue Energie tanken. Wie man das macht? Es ist eigentlich ganz einfach: Wenn Sie nach Hause kommen, reicht meist schon eine Dusche, um Ihnen nicht nur das Gefühl äußerlicher Sauberkeit zu schenken. Brauchen Sie Wärme, weil Sie Ihre Wärme an andere verschenkt haben, so gönnen Sie sich ein Apfelessigbad. Sie finden in diesem Buch auch noch einige Reinigungszeremonien (siehe Seite 81 ff.), die Ihnen helfen, wenn Ihre Energiereserven erschöpft sind.

Wichtig: Ruhe, Stille, Auszeiten für die Seele …

Achten Sie darauf, dass Sie genügend Ruhe haben. Schlafen Sie mindestens einmal pro Woche, so viel Sie wollen. Es ist erwiesen, dass die meisten Frauen viel zu wenig Schlaf bekommen. Wenn Ihnen danach ist, bleiben Sie doch einmal einen ganzen Tag im Bett, faulenzen Sie, dösen Sie, lesen Sie. Gönnen Sie sich diese Zeit der Erholung.

Sollten Sie Familie haben, so kann ich Ihnen nur empfehlen, von Zeit zu Zeit ganz allein ein paar Tage wegzufahren. In unserem »Hexenzirkel« machen wir das regelmäßig. Sie können sich nicht vorstellen, mit wie viel neuer Energie Sie zurückkommen werden. Reden Sie sich bitte nicht ein, das sei organisatorisch keinesfalls möglich.

Selbst, wenn Sie kleine Kinder haben und Ihr Partner nicht einspringen kann, lässt sich immer jemand finden, der Ihren Part während einiger Tage übernehmen kann. Durch einen Aushang, etwa im Supermarkt, können Sie vielleicht eine gleichgesinnte Mutter finden, die Ihre Kinder während Ihrer Abwesenheit betreuen kann und umgekehrt.

Schenken Sie sich selbst mindestens genauso viel Aufmerksamkeit wie jedem anderen Menschen: Selbstverständlich hören Sie zu, wenn Ihnen jemand etwas erzählt. Aber lauschen Sie auch, wenn Ihr eigener Körper Ihnen signalisiert, dass er müde und erschöpft ist? Frauen können viel aushalten und sind von Natur aus für Dauerbelastungen »ausgerüstet«, man denke nur an Schwangerschaft und Geburt. Aber diese Fähigkeit führt oft dazu, dass man immer weitermacht und oft so erschöpft ist, dass man Belastungen gar nicht mehr wahrnehmen kann, obwohl der Körper durch ständige Kopfschmerzen, Verstopfung oder Rückenschmerzen bereits zeigt, dass es ihm zu viel wird. Gewöhnen Sie sich an, solche Signale nicht einfach mit einem »das wird schon wieder« abzutun, sondern gönnen Sie sich Ruhe, wenn Sie sie brauchen. Und schrauben Sie Ihre Ansprüche an die eigene Perfektion ein bisschen herunter. Am Anfang fällt das sicherlich schwer, schließlich will jede Frau beweisen, dass gerade sie »alles« schafft. Je eher Sie aber lernen, auch bei Alltagsdingen andere anzusprechen und um Hilfe zu bitten, desto besser werden Sie sich fühlen. Auch so zeigt sich gesunde Selbstliebe.

Rechnen Sie damit, dass in Ihrem Umfeld einige Menschen nicht begeistert davon sein werden, wenn Sie sich erlauben, mehr Zeit und Interesse sich selbst zu widmen. Machen Sie sich bewusst: Sie sind nicht dafür verantwortlich, dass alle Menschen um Sie herum bequem leben.

5. Ein Raum für Sie allein

Sind Sie über 30 Jahre alt und haben kein eigenes Zimmer? Dann sind Sie eine Frau und leben in einer Familie. Laut Statistik verfügen 85 Prozent der verheirateten Frauen nicht über ein eigenes Zimmer, in das sie sich gelegentlich zurückziehen können. Ist das nicht traurig? Da existiert vielleicht sogar ein großes Haus mit Garten und Doppelgarage, jedes Kind hat seinen eigenen Raum, der Hausherr sogar Arbeitszimmer und Hobbyraum, und wo bleiben Sie? Selbst als Jugendliche dürften Sie über mehr Rückzugsmöglichkeiten verfügt haben! Sorgen Sie dafür, dass sich das spätestens jetzt ändert: Richten Sie sich eine kleine Oase nur für sich selbst ein. Dekorieren Sie sie mit schönen Stoffen, leisten Sie sich ein bequemes Sofa. Wenn Sie mögen, können Sie auch ein Bett aufstellen. Gewöhnen Sie Ihre Familie daran anzuklopfen, bevor jemand den Raum betritt. Schließlich reißen Sie die Tür zum Zimmer Ihrer älteren Kinder ja auch nicht einfach auf, ohne zu klopfen.

Ein eigenes, wenn auch vielleicht kleines Zimmer ist Ihr Nest, wo Sie auftanken, Ruhe finden und sich erholen können. Wie wohltuend und befriedigend es sein kann, eine eigene Oase zu haben, sehe ich fast jeden Tag an den Frauen, die es geschafft haben, sich diesen Wunsch zu verwirklichen.

Das gemeinsame Schlafzimmer ist kein geeigneter Platz für Ihre »persönliche Insel«, denn dieser Raum dient ja Ihnen und Ihrem Partner.

Richten Sie sich Ihren Rückzugsort ganz nach Ihren Bedürfnissen und Vorlieben her.

6. Schaffen Sie in Ihrem Herzen Platz für die Liebe

Sind Sie der Meinung, dass in Ihrem Leben Liebe fehlt? Wünschen Sie sich einen zärtlichen Partner, mit dem Sie intensive Erlebnisse teilen können? Dann schaffen Sie den nötigen Platz dafür. Diese simple Weisheit beruht auf der Erfahrung, dass viele unfreiwillige Singles sagen, dass sie dann nach Zweisamkeit sehnen; wenn ich sie aber ihren Tagesablauf schildern lasse, wird völlig deutlich, dass dort gar kein Platz für einen Partner wäre. Wann soll denn die ganztags arbeitende Geschäftsfrau, die ihren Haushalt und zwei minderjährige Kinder »managt«, nebenher noch im Elternbeirat tätig ist und spätabends den Hund ausführt, Zeit haben für lauschige Stunden mit ihrem Geliebten? Sie können sicher sein, dass das Unterbewusstsein dieser Frau genau weiß, dass dies in ihrem derzeitigen Leben ein Ding der Unmöglichkeit ist. Demzufolge wird es alle Versuche des bewussten Selbst, das sich eigentlich einen Partner wünscht, sabotieren: Sollte sich ein Mann nähern, so werden Treffen sicher nicht den gewünschten Erfolg haben oder vielleicht auch gar nicht stattfinden. Das Unterbewusstsein weiß genau, dass in diesem Alltag kein Platz für eine weitere Person sein kann und wird entsprechende Signale aussenden.

Überprüfen Sie Ihren Alltag: Passt noch jemand hinein?

Wenn Ihnen Ihr Partnerwunsch bisher versagt geblieben ist, dann empfehle ich Ihnen einen ehrlichen Check-up Ihres Alltags. Oft zeigt dieser, dass man unbewusst gar nicht bereit ist, sich auf jemanden einzulassen. Gehören Sie auch zu den Frauen, die frühmorgens das Haus verlassen, um ins Büro zu gehen, gegen 18 Uhr zurückkehren, um sich für Sport, das Pils mit den Kollegen oder eine Veranstaltung umzuziehen, um dann gegen 1 Uhr erschöpft ins Bett zu fallen? Verbringen Sie grundsätzlich die Wochenenden mit Sport oder anderen Hobbys? Wenn Sie all diese Fragen bejahen, dann müssen Sie sich doch ehrlich eingestehen, dass hier für einen Partner gar kein Raum ist. Verabschieden Sie sich vor allem von der Vorstellung, dass Sie jemanden kennen lernen, der Ihre Interessen völlig teilt. Wenn Sie einen Begleiter wün-

Nehmen Sie ruhig die Hilfe von Familie, Freunden und Bekannten in Anspruch, wenn Sie das Bedürfnis haben, mehr Zeit für sich selbst oder für eine neue Liebe zu haben.

37

schen, dann sind Sie in diesem Fall mit einem Hund wirklich besser bedient als mit einem Menschen.

Ich sage das deshalb so deutlich, weil diese Tatsachen den meisten angeblich Partnersuchenden nicht bewusst sind. In Wirklichkeit sind viele mit ihrem Leben recht zufrieden. Realistisch gesehen ist dort weder räumlich noch emotional Platz für einen anderen, denn diese Menschen sind viel zu sehr auf sich selbst fixiert. Sollten Sie deshalb ernsthaft das Bedürfnis verspüren, mit einem anderen Menschen Ihr Leben zu teilen, schaffen Sie Platz für ihn. Das kann auch ganz praktisch bedeuten, dass Sie wieder einmal gründlich Ihre Wohnung aufräumen, und sich dabei von den Dingen trennen, zu denen Sie keine Beziehung mehr haben. Sie kennen sicher das buddhistische Gesetz, dass Äußeres und Inneres sich entsprechen sollen. Wenn Sie im Kleinen beginnen und einen äußeren Hausputz durchführen, so stellt sich demzufolge eine innere Reinigung ein: Dadurch, dass Sie Platz für Neues geschaffen haben, können Sie auch klarer erkennen, was Ihnen innerlich wirklich wichtig ist.

Trauen Sie sich ruhig, sich von unliebsamen und belastenden Verpflichtungen und Bekanntschaften zu verabschieden.

Befreien Sie sich von unliebsamen Verpflichtungen

Diese Weisheit sollten Sie auch auf Ihre täglichen Aktivitäten anwenden: Entrümpeln Sie! Ist das Treffen mit den Freundinnen lustig, und gewinnen Sie dadurch Energie? Oder mussten Sie sich zum fünften Mal die angeblich aufregenden Urlaubserlebnisse anhören? Gehen Sie nur zu Treffen und Veranstaltungen, bei denen Sie sich wohl fühlen – und nach denen es Ihnen besser geht als vorher. Sie werden staunen, was Sie an diesen Kriterien gemessen im Leben alles »streichen« können. Verwenden Sie die so gewonnene Zeit für sich, dann haben Sie genügend Muße, genau das zu tun, was Ihnen Spaß macht. Sie werden über mehr Energie verfügen, die Sie gezielt für sich selbst einsetzen können. Automatisch werden Sie durch Ihre bessere Laune andere Menschen anziehen als zuvor.

Sich auf den zukünftigen Partner einstimmen

Sie können diese Anziehung gezielt verstärken, wenn Sie jetzt die Musik hören, die Sie gern mit Ihrem Traumpartner hören würden. Spielen Sie alle Lieder, die Sie an glückliche Zeiten in Ihrem Leben erinnern, Zeiten, in denen Sie sich unbeschwert und frei gefühlt haben, ganz Sie selbst. Dies ist ein magischer Vorschlag, denn Sie sprechen durch die zauberhafte Wirkung der Musik Ihre Gefühle an. Dadurch befinden Sie sich auf einem höheren Energielevel, der natürlich auch auf Ihre Umgebung wirken wird. Unternehmen Sie auch einmal etwas ohne Ihre Freundinnen, und stellen Sie sich vor, »er« wäre dabei. Wenn Sie allein unterwegs sind, lernen Sie wahrscheinlich auch viel schneller jemanden kennen: Ein Schwarm gackernder Frauen zieht kaum einen Mann an. Seltsamerweise wagen es auch heute noch wenig Frauen, allein auszugehen. Dabei ist das nur eine Frage der Gewohnheit: Je häufiger Sie es tun, desto mehr schwindet der oft von Frauen geäußerte Eindruck, alle Anwesenden würden sie, die allein erscheinende Frau, anstarren.

7. Lassen Sie los!

»Dein Leben geht dich gar nichts an«, lautet eine buddhistische Weisheit. Sie soll deutlich machen, dass es überhaupt nichts bringt, sich ständig den Kopf über sich selbst zu zerbrechen, da die wesentlichen Veränderungen im Leben ganz von selbst geschehen. Wir alle sind Individuen, die bereit sind, sich zu entwickeln. Allein dieser Impuls bewirkt, dass unser Leben nicht stillsteht.

Alles Ungewohnte fällt schwer. Auch wenn Sie sich anfangs überwinden müssen, etwas allein zu unternehmen, geben Sie nicht auf. Bald wird es Ihnen Spaß machen.

Probieren Sie es aus: Gehen Sie auch einmal ohne Ihre Freundinnen in eine Bar, zum Tanzen oder ins Theater.

Ich gebe zu, dass das die Weisheit ist, die am schwersten von allen zu verwirklichen ist: loslassen, die Dinge des Lebens geschehen lassen. In unseren Köpfen schwirren ständig so viele Sorgen und Ängste, dass irgendein kluger Mensch formuliert hat: »Wir werden vielleicht durchschnittlich achtzig Jahre alt, schaffen es jedoch, uns so viele Gedanken zu machen, als hätten wir achthundert Jahre zu leben.«

Ihr Lebensgefühl ändert sich sofort zum Positiven, wenn es Ihnen gelingt, die schwarzen Schatten im Kopf loszuwerden. Ein erster Schritt dazu ist sicher, wenn Sie lernen, geistig und körperlich wirklich zu entspannen. Hier nun ein paar Tipps, wie Sie das im Alltag so oft wie möglich erreichen können. Auch bestimmte magische Übungen können das Loslassen und Entspannen unterstützen (siehe Seite 152 ff.).

Ob beim konzentrierten Arbeiten an einer interessanten Sache, beim Sport oder mit einem Hobby – wichtig ist, dass Sie ganz bei der Sache sind und Ihre Tätigkeit mögen.

Entspannender Glücksrausch

Sicher haben Sie schon vom so genannten »Flow«-Zustand gehört. Das ist – ganz vereinfacht gesagt – ein glücklichmachender Bewusstseinszustand, den wir erreichen können, wenn wir völlig entspannt sind.

Je öfter wir in diesem Zustand sind, desto mehr Glückshormone werden ausgeschüttet, umso tiefer entspannt sind wir. Also geht es eigentlich nur darum, möglichst viele Tätigkeiten für sich selbst zu entdecken, bei denen man diesen entspannten Zustand erreicht, sich fühlt, als würde man fliegen – ohne dabei natürlich Alkohol oder Drogen zu konsumieren.

Asiatisch inspiriert: Bewährte Entspannungstechniken

Bei Entspannungsmethoden wie Meditation, Yoga und Tai-Chi erreicht der Körper nahezu den so genannten Alphazustand, den man jeden Abend kurz vor dem Einschlafen erlebt. Und das ist Entspannung pur! Yoga oder Meditation wird mittlerweile in jeder Volkshochschule von erfahrenen Lehrern angeboten. Auch das aus fließenden Bewegungen bestehende ist Tai-Chi eine ideale Entspannungsmethode. Probieren Sie aus, was Ihnen wirklich gut tut, und hören Sie dabei auf Ihren Instinkt. Er wird Sie zu der richtigen Methode hinführen.

40

Entdecken Sie das Kind in sich

Spielen Sie! Entweder Sie legen sich eine Spielesammlung an und entdecken alte und neue Spiele mit Ihrem Partner, oder Sie haben kleinere Kinder um sich, die Sie immer aufs Neue lehren, die Welt mit ihren Augen zu sehen. Lassen Sie sich verführen, besuchen Sie mal wieder die Spielzeugabteilung eines großen Kaufhauses, oder lassen Sie sich beim Spielzeugladen an der Ecke zeigen, was es Neues gibt.

Mit Bewegung ins Glück

Treiben Sie Sport! Aber bitte keinen verbissenen Wettkampf, sondern besser Ausdauersportarten, bei denen reichlich Endorphine ausgeschüttet werden – die Glückshormone, die den »Flow« verursachen. Walking, joggen, schwimmen und Rad fahren sind dafür besonders geeignet. Sie belasten auch die Gelenke wenig, so dass Sie unabhängig vom Alter damit beginnen können. Falls Sie jahrelang keinen Sport betrieben haben, sollten Sie allerdings unbedingt vorher von einem Arzt abklären lassen, ob der sportliche Start unbedenklich für Sie ist.

In der Freizeit nur tun, was gut tut

Jedes Hobby, das Ihnen Spaß macht, gibt Kraft und Ruhe: musizieren, nähen, basteln, Briefe schreiben, sich zum Kaffeeklatsch mit der besten Freundin treffen. Aber achten Sie darauf, dass Sie besser gelaunt zurückkommen, denn wenn Sie schlechter drauf sind als vorher, ist Ihre Freundin leider ein »Energieräuber«!

Die belebende Kraft des Wassers genießen

Baden Sie! Wasser ist nicht nur körperlich wohltuend, sondern es besänftigt auch die Seele. Verwöhnen Sie Ihren Körper mit wohltuenden duftenden Badeölen. Besonders geeignet für ein regenerierendes Badevergnügen ist Meersalz. Es enthält das Antistressmineral Magnesium und ist deshalb nach einem langen und erschöpfenden Arbeitstag die beste Medizin. Mischen Sie dafür

500 Gramm Meersalz mit Ihrem üblichen Badezusatz oder einem Badeöl. Für Entspannungsbäder eignen sich vor allem Lavendel- und Melissenöl. Rosenöl ist ein schöner Badeauftakt für einen Abend zu zweit, da es die Sinnlichkeit anregt.

Gönnen Sie sich ruhig von Zeit zu Zeit auch mal einen kompletten Wellnesstag, wenn Sie das mögen: In Hotelschwimmbädern großer Städte werden Verwöhnprogramme für jeden Geschmack angeboten. Lassen Sie sich doch einen Gutschein zum nächsten Geburtstag schenken.

Dinge ruhen lassen

Lernen Sie, Dinge nicht zu tun! Wie das geht? Ganz einfach: Fragen Sie sich vor den Verrichtungen, zu denen Sie ohnehin wenig Lust aufbringen, ob sie wirklich jetzt getan werden müssen. Sie werden feststellen, dass es einiges gibt, was liegen gelassen werden kann, ohne dass Sie sofort irgendwelche Nachteile erleiden. Verblüffenderweise erledigen sich durch diese Einstellung dann oft Dinge von ganz allein, ohne unser Zutun – das ist die angenehmste Begleiterscheinung. Schmutziges Geschirr wird nicht schlecht im Abwaschbecken, und vielleicht spült es ein mitleidiger Mitbewohner ab, bevor Sie es tun müssen.

Laufen Sie nicht immer sofort los, um Kleinigkeiten zu besorgen oder zu erledigen. Warten Sie so lange, bis einiges zusammenkommt, dann lohnt es sich wirklich, in die Stadt zu fahren. Bündeln Sie Anrufe, die Sie tätigen müssen, und erledigen Sie sie am Stück. Schaffen Sie sich einen Anrufbeantworter an, und gehen Sie nur bei wichtigen Telefonaten persönlich an den Apparat. Vielleicht lassen Sie einen telefonischen Quälgeist auch ein zweites Mal anrufen, wenn er oder sie etwas von Ihnen will.

Sie werden wie ich die Erfahrung machen, dass sich viele nicht noch einmal melden, weil ihr Anruf gar nicht so wichtig war. Viele Menschen greifen heute aus lauter Langeweile zum Telefon. Wenn sie den Angerufenen nicht sofort erreichen, geben sie ebenso schnell wieder auf.

Sie werden die Erfahrung machen, dass Ihnen diese Maßnahmen mehr Zeit schenken und den täglichen Stress deutlich verringern. Wenn Sie die dadurch eingesparte Zeit für sich selbst nutzen, bringt Ihnen das sicher mehr.

Organisation ist heute nicht nur am Arbeitsplatz nötig. Auch im privaten Bereich ist ein bisschen Zeitmanagement sehr nützlich.

Belebendes Phantasiekino

Nutzen Sie jede Möglichkeit zum Tagträumen: Forscher haben herausgefunden, dass »Tagträumer« niedrigere Cholesterinwerte haben und weniger Stresshormone wie Adrenalin und Noradrenalin ausschütten. Wenn Sie also in einer langweiligen Besprechung sitzen, oder die Kollegin Ihnen zum x-ten Mal ihren Migränekopfschmerz im Detail schildert, »beamen« Sie sich einfach weg. Lassen Sie Ihren ganz individuellen Film vor Ihrem geistigen Auge ablaufen: Stellen Sie sich vor, wie Sie frisch verliebt Ihrem Traummann in die Arme fallen. Sie tragen ein sexy Kleid, er hebt Sie hoch, Sie küssen sich zärtlich, bevor Sie zu einem kleinen verschwiegenen Hotel im Wald fahren, wo Sie sich dann den ganzen Nachmittag leidenschaftlich lieben …

Zu verrückt für Sie? Probieren Sie es nur mal aus. Ich garantiere Ihnen, dass Sie sicher ganz schnell zum Experten im Tagtraum-Drehbuchschreiben werden. Einfach deshalb, weil es ein ganz einfaches – und auch noch kostenloses – Mittel ist, um schnell wieder gute Laune zu bekommen, Probleme und Sorgen zu relativieren – und natürlich, um zu entspannen!

Nicht nur erotische, auch humorvolle oder komische Vorstellungen und Phantasien können helfen, stressige und anstrengende Situationen leichter zu nehmen.

Träumen und positives Denken helfen Ihnen, auch schwierigere Zeiten mit einem Lächeln durchzustehen.

Die Irrtümer der Liebe

Ich nehme an, ich bin keine Ausnahme: Die Geschichte meiner Beziehungen war anfangs eher eine schmerzensreiche. Aber aus Erfahrungen lernt man, das macht das Leben ja so spannend. Gehen Sie mit mir auf eine kleine Erinnerungsreise zu den »Sieben Irrtümern der Liebe«, einer Geschichte (wahrscheinlich nicht nur) meiner Beziehungen. Und erfahren Sie, was aus wissenschaftlicher Sicht dazu zu sagen ist.

1. Irrtum: Gegensätze ziehen sich an

Mein erster Mann war völlig anders als ich: ständig auf Achse, viel beruflich unterwegs. Und wenn er zu Hause war, lief dauernd der Fernseher. Macht nichts, dachte ich. Auch dass ich von Zeit zu Zeit allein war, störte mich anfangs nicht. Anders nach ein paar Jahren: Ich hatte die Nase voll davon, alles allein erledigen zu müssen und von ihm keinerlei Unterstützung im Haushalt zu bekommen, denn mittlerweile war auch noch ein kleines Kind da. Die ständige TV-Berieselung ging mir fürchterlich auf die Nerven. Ich war kurz vor dem Zusammenbruch.

Kein Wunder, sagen Paartherapeuten: Nicht Gegensätze ziehen sich an, sondern: »Gleich und gleich gesellt sich gern«, wenn es eine langjährige Beziehung werden soll. Denn was am Anfang noch faszinierend und unterhaltsam war, wird im Laufe einer langen Beziehung meist zu einem unüberwindbaren Störfaktor.

Fazit: Achten Sie darauf, dass Ihr Partner ähnliche Interessen und Vorstellungen vom Leben hat wie Sie.

> Es ist faszinierend und interessant, wenn der Partner Eigenschaften hat, die Sie an sich selbst nicht kennen. Achten Sie aber darauf, dass Sie auch genug Gemeinsamkeiten haben – diese sind die Basis langer Beziehungen.

2. Irrtum: Liebe allein reicht

Natürlich war ich total verknallt, als ich mit achtzehn Jahren meinen späteren Ehemann kennen lernte. Schließlich war er humorvoll, unternehmungslustig, großzügig ... und ich konnte mit ihm über alles reden – was damals schon seit Jahren mit meinen Eltern nicht mehr möglich war. Ich war hin und weg. Und deshalb heiratete ich ihn. Und war dann völlig überfordert mit dem Ehealltag. So hatte ich mir das nicht vorgestellt! Natürlich scheiterte mein Projekt Ehe zwangsläufig nach einigen Jahren.

Die Paarforschung sagt, dass realistische Erwartungen, ähnliche Wertvorstellungen und ähnliche soziale Hintergründe für das Zusammenleben viel wichtiger sind als Liebe. Zumindest, wenn die Beziehung länger halten soll. Denn obwohl heute fast alle Partnerschaften aus Liebe geschlossen werden, steigt auch die Zahl der Ehescheidungen. Zumindest für eine Ehe ist es demzufolge nicht schädlich, wenn außer der Liebe noch andere Beweggründe – Kinder, Status, finanzielle Fragen – für die Entscheidung zum Zusammenleben ausschlaggebend sind. Ich weiß, dass diese Weisheit die Romantikerinnen unter Ihnen sicherlich nicht zufrieden stellen wird, aber es ist nun mal der aktuelle Stand der Forschung. Und wenn man es sich überlegt, ist es doch sehr wahrscheinlich, dass die großen Gefühle eben doch nicht sehr alltagsresistent sind. Da wir nicht alle »Mad Lover« sind (siehe Seite 23), werden die greifbaren Dinge in einer Beziehung für viele Menschen irgendwann wichtiger als die anfänglich großen Gefühle.

Fazit: Entdecken Sie mehr Gemeinsamkeiten in Ihrer Beziehung als »nur« die gegenseitige Liebe.

> **Wer schon einmal eine längere Beziehung hatte, weiß, dass sich im Laufe der Zeit die Ansprüche an den Partner weiterentwickeln und verändern.**

Teilen Sie die belastenden und kräftezehrenden Alltagsaufgaben mit Ihrem Partner. Nur so bleibt noch genug Lust, Energie und Freude für Ihre Partnerschaft.

3. Irrtum: Genug anstrengen – dann klappt jede Beziehung

Wenn sie die lang ersehnte Beziehung dann endlich haben, sind viele Frauen bereit, fast alles dafür zu tun. Sie lassen sich überhaupt nicht entmutigen, auch wenn der Partner bereits gar kein Interesse an der gemeinsamen Beziehung mehr signalisiert.

Ich machte in einer Partnerschaft die Erfahrung, dass ich für alle Belange des Alltags verantwortlich war: Ich organisierte Theaterkarten, rief Freunde an, besorgte die Geschenke für Geburtstage und Weihnachten, besuchte die Schulveranstaltungen der Kinder allein und wunderte mich, dass ich bei all diesen Aktivitäten erschöpft und schlecht gelaunt war. Erst als meine beste Freundin zu mir sagte »Willst du nichts wissen, oder bist du wirklich so dumm?«, wachte ich aus diesem Erschöpfungszustand auf. Ich hatte wirklich nicht bemerkt, dass mein damaliger Partner schon seit Monaten aus einem ganz bestimmten Grund nie zu Hause war. Zwar versuchte ich nun, ihn mehr in alle Verpflichtungen einzubinden, doch letztendlich war die Beziehung nicht mehr zu retten.

Gerade Frauen neigen dazu, sich für eine Partnerschaft »abzustrampeln«, bis sie wirklich nicht mehr können. Wenn der andere allerdings nicht seinen Teil in die Beziehung einbringt, nutzt alle Anstrengung nichts: Ein Partner allein kann nämlich nicht die Beziehung glücklich gestalten. Dafür müssen beide gemeinsam etwas tun.

Fazit: Für alle Pflichten, die es in der Beziehung gibt, sollte die Verantwortung gerecht aufgeteilt sein. Achten Sie darauf, dass Ihr Partner von Anfang an dazu bereit ist.

Achten Sie schon am Anfang einer Beziehung darauf, dass wirklich beide Partner etwas für das Zusammenleben tun.

4. Irrtum: Es gibt nur einen einzigen »Richtigen«

Dieser Irrtum hält viele davon ab, eine für sie ungesunde Beziehung zu beenden. Auch mir ging es so: Ich war bei meiner ersten großen Liebe so sehr davon überzeugt, dass wir füreinander geschaffen wären, dass es mir kaum gelang, mich von diesem Mann zu lösen.

47

Dabei gab es viele Gründe, die von Anfang an gegen diese Beziehung sprachen: Wir hatten völlig unterschiedliche Interessen, er versuchte, mich ständig zu bevormunden. Trotz alledem war ich damals nicht zu erschüttern: Ich war überzeugt davon, den Mann meines Lebens kennen gelernt zu haben. Und das, obwohl die Beziehung mir zum Schluss wirklich schadete, weil sie mich ungeheuer einschränkte. Sicher wäre es mir leichter gefallen, die Beziehung zu beenden, wenn ich gewusst hätte, wie viele »Richtige« noch nach ihm kommen sollten.

Die Meinung, es gäbe den »einzig Wahren« oder die »Richtige«, ist nach Ansicht von Familien- und Ehetherapeuten einer der fatalsten Irrtümer. Da viele Menschen, vor allem Frauen, von dieser übertrieben romantischen Vorstellung absolut überzeugt sind, warten sie lieber auf »Mr. Right« und lassen andere Bindungschancen ungenutzt vorüberziehen, obwohl sie des ständigen Alleinseins müde sind. Realistisch wäre dagegen die Einstellung, dass es eine Menge Partner gibt, die zu einem passen.

Fazit: Einige grundlegende Dinge müssen stimmen – aber schrauben Sie Ihre Ansprüche an einen Partner nicht allzu hoch. Auch wenn jemand nicht vollkommen Ihrem Traumideal entspricht, kann er ein sehr guter Lebenskamerad sein.

Fragen Sie sich immer wieder, was Sie selbst wirklich von einer guten Partnerschaft erwarten. Weder Ihre Freundinnen noch Ihre Eltern oder Bekannten, müssen Ihren Partner lieben. Nur Sie selbst entscheiden, ob Sie mit ihm leben möchten.

Unter vielen Menschen einen Partner zu finden, der zu einem passt, und mit dem man sein Leben teilen möchte, ist gar nicht so einfach.

5. Irrtum: Drum prüfe, wer sich ewig bindet

Dieses geflügelte Wort hatte ich wirklich im Ohr, als »er« damals bei einem romantischen Spaziergang um meine Hand anhielt. Zwar war ich grenzenlos verliebt, aber völlig kopflos nun auch wieder nicht: Seit wir uns kannten, hatte ich mich eingehend über ihn informiert. Ich hatte sogar eine Freundin auf ihn angesetzt, um seine Treue zu testen. Und ich war so glücklich: Er widerstand. Obwohl sie es ihm wirklich ausgesprochen leicht gemacht hatte. Sie tauchte eines Abends in dem Hotel auf, wo er auf Geschäftsreisen immer übernachtete, und gesellte sich an der Bar zu ihm. Ich war der Meinung, mit dieser Beziehung wirklich auf »Nummer sicher« zu gehen, denn was gibt es Besseres als einen Mann, der einer heißen Versuchung widerstehen kann.

Letztlich haben all meine Tests die spätere Ehe auch nicht retten können, denn nach einiger Zeit, so stellte sich heraus, ging mein »Traummann« nur allzu bereitwillig auf Verführungsversuche des anderen Geschlechts ein.

Fazit: Wenn Sie vorhaben, sich zu binden, sollten Sie »Testversuche« des Partners unterlassen. Sie führen zu nichts, denn die Situation vor dem Zusammenziehen – oder der Ehe – unterscheidet sich grundlegend von der Situation danach.

> Ein gewisses Grundvertrauen sollte in Ihrer Beziehung von Anfang an bestehen. Kontrolle und Zweifel zerstören mit der Zeit die Basis jeder Partnerschaft.

6. Irrtum: Für eine Beziehung muss man Opfer bringen

Auch dieser Irrtum scheint typisch weiblich zu sein, denn von Männern habe ich die »Opfertheorie« noch nie gehört. Männer scheinen generell nicht so bereit zu sein, für die Partnerschaft etwas zu tun. Umso gefährlicher ist es, wenn die Frauen dann die ganze Beziehungsarbeit auf sich nehmen. So entsteht ein Ungleichgewicht, das zwangsläufig nicht den gewünschten Erfolg – nämlich den Erhalt der Beziehung – haben kann. Seien Sie wachsam: Zu der Generation der »Opfertiere« zählen nicht nur unsere Mütter, die ihr ganzes Leben nach der Familie ausgerichtet und auf Ausbildung oder Studium oft verzichtet haben. Man kann sich schnell im Alltag Belastungen aufladen, die man völlig unterbewusst als »Opfer« sieht. Oft deshalb, weil man der Meinung ist, aus der aktuellen Situation nicht ausbrechen zu können. Es gibt aber immer Möglichkeiten, Belastungen zu reduzieren. Voraussetzung dafür ist allerdings, dass der Partner einbezogen wird.

Auch ich habe vor einigen Jahren nicht bemerkt, dass ich das »Opfer« lebte: Für das Erlebnis, Kinder aufzuziehen, hatte ich auf viele Aktivitäten verzichtet. In dem Irrglauben, der Beziehung Gutes zu tun, meldete ich mein Bedürfnis, auch mal einen kinderfreien Tag oder wenigstens ein paar Stunden für mich zu haben, meinem Partner gegenüber viel zu spät an. Irgendwann war meine Frustration so groß, dass ich einfach ausgeflippt bin. Es hätte gar nicht so weit kommen müssen, wäre ich nicht der Meinung gewesen, hier ein »Opfer« bringen zu wollen.

Fazit: Fangen Sie erst gar nicht damit an, einer Beziehung zuliebe etwas zu opfern. Entweder Sie tun es gern, oder Sie lassen es sein. Ein sicheres Zeichen: Wenn Sie sich wütend oder unzufrieden fühlen, haben Sie wahrscheinlich etwas getan, was Sie nicht wollten. Hören Sie spätestens jetzt damit auf!

Warten Sie nicht darauf, dass der andere Ihnen die Wünsche von den Augen abliest. Sprechen Sie rechtzeitig aus, was Sie stört, und was Sie denken und fühlen.

Irrtum 7: Unstimmigkeiten klären sich von selbst

So dachte ich als junge Ehefrau auch. Die Beziehung sollte schließlich möglichst lange halten. Und deshalb, meinte ich, sei es besser, großzügig zu sein und bestimmte Dinge gar nicht anzusprechen. Geärgert habe ich mich trotzdem: Darüber, dass Verabredungen mit der Familie regelmäßig verspätet begannen, dass seine Mutter am Wochenende unangekündigte Besuche liebte usw. Ich hatte vor, zugunsten eines ruhigen häuslichen Klimas diese mich nervenden Vorkommnisse nicht anzusprechen. Damit überforderte ich mich natürlich ständig.

Unbedingt darüber reden, raten Paartherapeuten. Wenn unterschiedliche Anschauungen bestehen, oder einer der Partner auf den anderen wütend ist, muss dies in der Beziehung zum Thema gemacht werden. Geredet wird ohnehin viel zu wenig. Eine Umfrage hat ergeben, dass Ehepartner durchschnittlich täglich nur zehn Minuten miteinander sprechen. In dieser Zeit sind auch noch die organisatorischen Absprachen zum Alltag enthalten (wer organisiert/erledigt was?). Die Qualität einer Beziehung hängt zum großen Teil davon ab, wie sich die Partner austauschen: mit Worten und Gesten, also durch Reden und Zärtlichkeit. Jeder kennt die sich anschweigenden Paare im Restaurant, bei denen man sofort erkennt, dass sie schon jahrzehntelang miteinander verheiratet sind. Ihnen ist jegliche Kommunikation abhanden gekommen. Sie werden zum Schreckensbeispiel für die Wirkung, die langjähriges Zusammensein haben kann.

Doch so weit muss es nicht kommen. Wenn Sie es sich von Anfang an zur Gewohnheit machen, Schwierigkeiten anzusprechen, haben Sie ausgezeichnete Chancen, auch noch nach Jahren eine Beziehung zu haben, die von gegenseitigem Austausch geprägt ist. Paartherapeuten erzielen mittlerweile sogar sehr gute Resultate, wenn sie in Seminaren mit Paaren üben, zwischen denen wenig oder keine Kommunikation mehr besteht, das »Miteinandersprechen« richtig gehend üben. Es ist also nie zu spät!

Fazit: Wenn es Probleme in der Beziehung gibt, und/oder Sie fühlen sich nicht wohl, reden Sie darüber. Und zwar von Anfang an!

Sprechen Sie störende Dinge an, bevor sie zum Problem werden: Besser Sie erwähnen etwas ruhig und in entspannter Atmosphäre, als dass Sie irgendwann bei einem Streit anfangen, alle Kleinigkeiten »rauszulassen«, die Sie eigentlich schon immer am anderen störten.

Miteinander reden, dem anderen aufmerksam zuhören – das ist sowohl in harmonischen Zeiten als auch bei Konflikten unbedingt nötig.

So finden Sie Ihren Liebespartner

Sie wissen jetzt einiges, was Ihnen bei der Partnersuche hilft: Wie romantisch Sie sind, was im Beziehungsleben grundsätzlich wichtig ist, und was Sie von Ihrer Partnerschaft erwarten. Bitte notieren Sie sich dieses »Liebesprofil« – so haftet es nämlich besser im Gedächtnis. Schreiben Sie auf, was Sie durch die Tests herausgefunden haben, und achten Sie auf diese Aspekte, wenn Sie jemanden kennen lernen. Das heißt natürlich nicht, dass ein »Neuer« wirklich alle diese Anforderungen erfüllen soll. Ihre Notizen sollen Sie lediglich im ersten Liebestaumel daran erinnern, was Ihr Wunsch war.

Der erste Schritt bei der Partnersuche

Wenn Sie einen neuen Partner finden möchten, sollten Sie sich zuerst selbst ehrlich eingestehen, was Sie sich wirklich von einer Partnerschaft wünschen. Je genauer Sie das wissen, umso besser werden Sie Liebeszauber und Orakel einsetzen können. Achten Sie darauf, ob Sie sich häufiger sagen: »Ach, ich lebe lieber allein, ich könnte gar nicht mehr mit einem anderen zusammenleben.« Dann wird es mit dem Liebespartner ein wenig länger dauern, denn mit solchen Gedanken blockieren Sie sich selbst.

Geist und Seele vorbereiten

Schalten Sie hemmende Vorstellungen, so genannte negative Affirmationen, aus. Das gelingt zum Beispiel, indem Sie sich vorstellen, Ihr Traumpartner säße Ihnen bereits als eine Art »Geist« gegenüber, der sich noch nicht für eine Verkörperung entschieden hat. Glauben Sie, dass Sie ihn zur »Verwandlung« bewegen können, wenn Sie ihm mitteilen, dass Sie besser ohne ihn leben können und wollen? Also: Achten Sie auf Ihre Worte und Gedanken. Sie beeinflussen den Erfolg aller Liebesrituale. Je weniger Zweifel Sie selbst haben, desto stärker ist Ihre mentale Kraft und Ihre Fähigkeit zur Magie.

Sich nach einer erfüllten, glücklichen Partnerschaft zu sehnen, ist keine Schande. Stehen Sie vor anderen, besonders aber vor sich selbst zu diesem Wunsch.

53

Schöne Vision: Stellen Sie sich Ihren Partner vor

Auch wenn Sie in einer Partnerschaft leben, sollten Sie immer wieder einmal ganz bewusst hinterfragen, ob die Beziehung den Bedürfnissen und Wünschen beider Partner gerecht wird. Ist das nicht der Fall, so unternehmen Sie möglichst schnell etwas, um wieder mehr Liebe, Romantik und Herzlichkeit in Ihr Zusammenleben zu bringen – oder gemeinsame Ziele neu zu definieren.

Das kennen Sie bestimmt auch: Im Kopf haben wir eine genaue Vorstellung von unserem Traumpartner. Wir wissen genau, wie er oder sie aussehen soll, sehen schon die verzückten Augen unserer Freundinnen, wenn sie ihn oder sie zum ersten Mal sehen. Doch wenn wir wirklich jemandem begegnen, der diesem Wunschbild ähnelt, dann laufen wir meist weg. Dadurch zeigt sich, was wir wirklich von uns selbst denken: Wir halten uns nicht für liebenswert genug, einen so tollen Partner zu begeistern. Um gut zaubern zu können, brauchen Sie jedoch eine positive Einstellung zu sich selbst. Wie soll Ihr Zauber denn wirksam werden, wenn Sie sich selbst nicht vertrauen? Bevor Sie also mit unseren Zaubervorschlägen beginnen, prüfen Sie sich selbst: Lieben Sie sich? Finden Sie sich begehrenswert? Zählen Sie spontan drei Eigenschaften auf, die Sie an sich selbst richtig gut finden. Wenn Sie die ersten beiden Fragen mit »ja« beantworten können, und Ihnen auch die drei Eigenschaften innerhalb weniger Minuten einfallen, dann dürfen Sie gleich mit den magischen Vorschlägen weitermachen.

Vorher aber sollten Sie sich nochmals Ihren Traumpartner deutlich vorstellen. Denken Sie dabei aber nicht nur an Äußerlichkeiten, sondern stellen Sie sich auch die Charaktereigenschaften vor, über die Ihr Traumpartner verfügen soll. Wünschen Sie sich Zärtlichkeit, dann stellen Sie sich vor, wie er Sie behutsam in die Arme nimmt. Wenn Sie eher für zupackende, muskulöse Männer schwärmen, dann scheuen Sie sich nicht, sich auch bei diesem Traummann jedes Detail ganz genau auszumalen. Je präzisere Vorstellungen Sie haben, desto besser und schneller wirkt der Zauber.

Rückzug und Besinnung

Wenn Sie Schwierigkeiten haben, sich Ihren Traumpartner genau vorzustellen, dann machen Sie es wie die Indianer: Ziehen Sie sich in die Einsamkeit zurück, damit Sie sich selbst und Ihre Wünsche erfahren können. Oftmals sind wir in unserem Alltagsleben so fremdbestimmt, dass wir gar nicht wissen, was wir selbst überhaupt wollen. Zu stark ist der Einfluss der Medien, vielleicht auch eines überstarken Partners, der es uns erschwert, an unsere tiefen Sinne heranzukommen. Wenn Sie das Gefühl haben, jetzt eine neue Liebe erleben zu wollen, dann sollten Sie sich von diesen Einflüssen befreien: Gönnen Sie sich einige Tage ohne Ihr gewohntes Umfeld. Buchen Sie vielleicht sogar ein Hotel, in dem Sie auch fasten können. Wenn der Körper entgiftet, wird auch der Geist freier. Sie werden die Stille körperlich empfinden. Haben Sie Geduld. Jetzt kann es nicht mehr lange dauern, bis Sie auch »ihn« genau vor sich sehen.

Zaubern für die Liebe: So beginnen Sie

Ein weiser Mensch sagte einmal, dass man keinen anderen Menschen lieben kann, bevor man sich selbst nicht liebt. »Ja, aber ich kann mich doch nicht selbst lieben«, höre ich von vielen Menschen, »ich bin doch …« Dann folgt eine lange Aufzählung vieler schlechter Eigenschaften. Wer so von sich denkt, tut sich schwer mit dem Kennenlernen eines Liebespartners. Denn ein schlechtes Selbstbild nehmen auch andere Menschen wahr – unter anderem der gesuchte Partner. Und der hat dann natürlich kein Interesse mehr. Wie sollte er auch: Wir selbst haben es ja nicht einmal. Bevor Sie also einen Partner suchen, versuchen Sie sich selbst zu achten und zu mögen. Tipps, mit denen das gelingt, finden Sie ab Seite 29, ein Mondritual für mehr Selbstliebe auf Seite 78.

Entdecken Sie Liebenswertes an sich selbst – so werden auch andere auf Ihre Vorzüge aufmerksam.

Mit diesen Liebeszaubereien bringen Sie Licht in Ihre Gedanken – und in Ihr Liebesleben …

Zur richtigen Zeit am richtigen Ort

Auch der Mond hilft in der Liebe – und das schon bei der Partnersuche (siehe auch Seite 69 ff.). In Mondbüchern, Thea's Hexenkalender oder Tageszeitungen erfahren Sie, in welchem Zeichen der Mond gerade steht. Wenn Sie sich ein wenig mit Astrologie auskennen, ergeben sich durch dieses Wissen weitere Möglichkeiten, Ihren Wunschpartner herbeizurufen. Denn das Zeichen, in dem der Mond steht, wenn Sie ausgehen, verrät schon einiges über den Partner, dem Sie wahrscheinlich begegnen werden …

Die Kraft der Gedanken nutzen

Bevor Sie mit einem magischen Ritual beginnen, machen Sie sich frei von negativen und belastenden Gedanken. Konzentrieren Sie sich nur auf das, was Sie mit Ihrer Zauberei erreichen wollen.

Vergessen Sie nie: Egal, welchen Zauber Sie anwenden, Ihre Gedanken entwickeln dabei eine sehr starke Kraft. Als Hexe müssen Sie deshalb einen sehr wachen und konzentrierten Geist haben. Vielen Menschen fehlt es an dieser geistigen »Wachheit«. Das sind vor allem diejenigen, in deren Gegenwart man sich unwohl fühlt, irgendwie »heruntergezogen«. Versuchen Sie solche Menschen zu meiden. Sie wirken oft leider wie Gift auf Geist und Seele.

Wenn Sie Liebesrituale ausführen, arbeiten Sie eng zusammen mit dem Mond, der Einfluss auf die subtilsten Energien hat. Seien Sie sich dieser intensiven Kräfte bewusst. Sie befassen sich dabei mit einem sehr empfindlichen Teil der Psyche, sowohl Ihrer eigenen als auch der anderer Personen. Deshalb ist es wichtig, dass Ihre Absichten ehrenvoll sind, und Sie keine negativen Gefühle haben, weder gegen sich selbst noch gegen andere. Liebevolles Zaubern dagegen wird belohnt: Jeder Gedanke, den Sie beim Zaubern haben, kommt mit dreifacher Kraft auf Sie selbst zurück. Wenn man sich diese Wirkung vergegenwärtigt, dürfte es wohl nicht schwer fallen, sich beim Zaubern auf positive Gedanken zu konzentrieren.

Ein Geburtstagswunsch

Das folgende Ritual sollten Sie nur einmal im Jahr durchführen: an Ihrem Geburtstag. Überlegen Sie, was Sie sich besonders stark wünschen: Bis zu Ihrem nächsten Geburtstag ist der Wunsch in Erfüllung gegangen.

56

Zutaten

eine Ritualkerze (Farbe je nach Wunsch)

Durchführung

Wählen Sie eine Ritualkerze, die Ihren Wunsch symbolisiert (Bedeutung der Farben siehe Kasten Seite 64). Sehnen Sie sich nach einer engen Beziehung? Dann wählen Sie eine rosafarbene Kerze. Versuchen Sie, Ihren Wunsch in wenige Worte zu fassen, und ritzen Sie diese in die Kerze, bevor Sie sie anzünden. Wenn Sie sich also einen liebevollen Partner wünschen, gravieren Sie die Worte »Partner« und »liebevoll« ein. Ich benutze dazu immer eine Nagelfeile, Sie können natürlich auch ein kleines Messer verwenden.

Der Liebestalisman

Dieser Zauber kann Ihr Herz auf die Liebe einstimmen – und den Partner anziehen, den Sie sich wünschen.

Zutaten

eine rosafarbene Ritualkerze und ein Stück Papier

Durchführung

Legen Sie das Papier vor sich, und bedecken Sie es mit Ihrer linken Hand. Sprechen Sie dreimal folgende Worte:
»Liebe von oben, Liebe von unten,
woher sie auch kommt, wohin sie auch geht
– mein Glaube an sie steht.«
Nehmen Sie nun die Kerze zuerst in die rechte, dann in die linke Hand, und wiederholen Sie den Zauberspruch noch zweimal. Zünden Sie die Kerze an, und stellen Sie sich vor, wie das Feuer der Liebe in Ihnen entbrennt und sich in Ihrem Körper ausbreitet. Beobachten Sie, wie die Kerze langsam abbrennt. Zeichnen Sie nun auf das Papier ein kleines Herz und um dieses herum noch eines und so weiter, bis das Papier völlig bedeckt ist. Wiederholen Sie dabei den Zauberspruch. Mit dem Zeichnen sollten Sie fertig

Einen Wunsch in wenigen Worten wiedergeben oder zu Papier bringen – das hilft oft, seine Bedürfnisse bewusster wahrzunehmen.

57

sein, bevor die Kerze ganz abgebrannt ist. Jetzt falten Sie das Papier möglichst klein zusammen. Tragen Sie es als Liebestalisman ganz nah am Körper.

Anbetung der Venus

Aphrodite – von den Römern Venus genannt – ist die Göttin der Liebe und der Schönheit. Der Legende nach entstammt sie der Verbindung des Himmelsgottes Uranus und dessen Gattin Gaia, der Erdmutter. Uranus wurde bei einer Auseinandersetzung mit seinem Sohn Saturn von diesem mit einer Sichel entmannt. Aus dem abgeschlagenen Glied des Vaters, das ins Meer fiel, floss weißer Schaum, dem Venus an den Ufern der Insel Kythera entstieg. Deshalb trägt sie den Beinamen »Die aus dem Schaum Geborene«.

Zutaten

Venusstatue oder das Bild einer Frau
drei Ritualkerzen (rot oder rosa)
ein rotes Seidentuch, ein Strauß Rosen

Für Venus, die Göttin der Liebe, können Sie einen Liebesaltar errichten, der Sie immer wieder daran erinnern wird, dass Sie der Liebe einen großen Platz in Ihrem Leben einräumen möchten: Stellen Sie in der Liebesecke (siehe Seite 85 ff.) Ihrer Wohnung oder Ihres Arbeitsplatzes drei feuerrote Kerzen auf. Sie können auch rosafarbene Kerzen wählen, wenn Ihnen Rot zu intensiv ist. Vielleicht finden Sie in einem Antiquitätengeschäft eine Statue der Göttin Venus. Oder Sie wählen stattdessen das Foto einer Frau, die Sie bewundern. Nehmen Sie ruhig Ihr eigenes Bild, wenn Sie sich selbst richtig gut finden. Statue oder Bild stellen Sie vor die drei Kerzen. Wenn Sie möchten, können Sie das Bild in ein rotes Seidentuch wickeln. Jetzt müssen Sie nur noch den Rosenstrauß vor der Statue platzieren. Achten Sie darauf, dass die Blumen stets frisch und nicht verwelkt sind.
Auch wenn Ihnen das jetzt seltsam vorkommt: Zu Ehren der Liebesgöttin Venus sollten Sie an Ihrem Liebesaltar jeden Voll- und jeden Neumond ein Lied singen (etwa Beltane aus der CD »Year Of The

Wicca«, erhältlich bei Thea, siehe Seite 157). Sie können auch summen, wenn Sie nicht singen mögen. Wichtig ist, dass Sie sich für die Fürsorge der Liebesgöttin bedanken – und Venus liebt nun einmal die Musik!

Zauber auf italienische Art: alles in Rot

Hier nun ein Zauber, für den vor allem die Italienerinnen schwärmen. Erzählt wurde er mir bei einem Urlaub in Süditalien. Einen Riesenspaß können Sie haben, wenn Sie dieses Ritual zusammen mit Freundinnen veranstalten – so wird es in Italien gemacht. Natürlich nur für Frauen: Männer dürfen nicht dabei sein. Die Italienerinnen schwören bei der Suche nach dem Mann fürs Leben übrigens auf rote Unterwäsche. Nicht ohne Grund ist Rot die beliebteste Dessousfarbe in Italien!

Ob feuriges Tiefrot, geheimnisvolles Burgunderrot oder zarte, durchscheinende Wäsche in einem Hauch von Rot: Diese Farbe ist auf jeden Fall eine schöne Abwechslung zum üblichen Weiß und Schwarz.

Zutaten

eine rote Kerze
Dessous in Rot
Zutaten für ein Liebesmahl in Rot

Durchführung

Für das Ritual können Sie die Wäsche kaufen, die Ihnen gefällt. Greifen Sie ruhig auch einmal zu einem roten Strapsgürtel und/oder zu roten Strümpfen. An Neumond zünden Sie die rote Kerze an und sprechen dreimal:
»Amore, amore, vorrei cantare per l'amore.«
Ziehen Sie dann die roten Dessous an und bereiten Sie sich ein rotes Liebesmahl: Wählen Sie beispielsweise Paprika als Vor- oder Hauptspeise und danach rotes Eis oder eine Rote Grütze. Trinken Sie Rotwein dazu.
Am darauf folgenden Vollmond wiederholen Sie das Ritual, und gehen Sie anschließend aus. Lassen Sie die roten Dessous dabei an (außer vielleicht die roten Strümpfe). Wenn Sie nach diesen Tipps vorgehen, wird sich Ihre Liebessituation spätestens nach drei Neumonden ändern.

Lassen Sie rote Rosen erblühen

Mit diesem Ritual wird die große Liebe bestimmt nicht lange auf sich warten lassen!

Zutaten

ein Rosenstrauch zum Einpflanzen
eine rote Kerze
zwei Stückchen Papier
die magischen Öle Come to me, Follow me boy und Marriage

Durchführung

Rosen wird in den meisten Kulturen eine heilende, erotisierende oder belebende Wirkung nachgesagt.

Pflanzen Sie den Rosenstrauch an einem Tag nach Neumond entweder in Ihrem Garten oder auf dem Balkon ein. Es gibt ja auch Mini-Rosensträucher, falls Sie nur einen sehr kleinen Balkon haben. Auf ein Papier schreiben Sie Ihren Namen, auf das andere all die Eigenschaften, die Ihr Traummann haben soll. Binden Sie die beiden Papierchen zusammen, und pflanzen Sie sie mit dem Rosenstrauch ein.

Stellen Sie die rote Kerze auf Ihren Venusaltar, und salben Sie diese vor dem Anzünden mit den oben genannten Ölen ein. Entzünden Sie sie jeden Abend und denken Sie an Ihren wachsenden Strauch. Wenn die Rosen blühen, sollten Sie einzelne Rosenstiele oder Blüten an Menschen verteilen, die Sie lieben.

Astrozauber

Auch dieses Ritual macht in einer lustigen Frauenrunde den größten Spaß. Laden Sie sich am besten Freundinnen dazu ein, die sich ein bisschen mit Astrologie auskennen.

Zutaten

für jede Teilnehmerin ein kleines (wenn möglich
selbst angefertigtes) Säckchen
ein kleiner Karton
zehn Kerzen

*Der nächtliche Sternen-
himmel übt in vielerlei
Hinsicht eine faszinieren-
de Wirkung auf uns aus.*

Durchführung

Besonders hilfreich ist es, wenn Sie das Ritual in einem Kerzenkreis durchführen: Stellen Sie zehn Kerzen rund um den Tisch oder den Platz am Boden, auf dem Sie das Ritual durchführen werden. Votivkerzen eignen sich besonders, da sie gut stehen.

Es reichen aber auch Teelichter. Nun schreiben Sie Ihre astrologischen Eigenschaften auf die Kärtchen: also typische Merkmale Ihres Sternzeichens. Vielleicht sind Ihnen auch Aszendent und Mondstellung bekannt. Wichtig ist, dass jede Teilnehmerin ihr Kärtchen selbst beschriftet. Wenn Sie Ihre Beschreibung beendet haben, bitten Sie gemeinsam darum, dass bald eine große Liebe in Ihr Leben treten möge.

Verstauen Sie dann das Kärtchen in Ihrem Beutel, und deponieren Sie diesen direkt über Ihrer Eingangstür. Sollte das nicht möglich sein, eignet sich auch ein anderer hoher Gegenstand (etwa ein Schrank) als Ablageort. Ihre Freundinnen sollten den Beutel an derselben Stelle in ihren eigenen Wohnungen deponieren. Falls keine Ihrer Freundinnen über Astrologiekenntnisse verfügt, finden Sie die wichtigsten Eigenschaften der verschiedenen Tierkreiszeichen in

Bei diesem Liebesritual gibt es sicher auch viel zu lachen. Und einigen von Ihnen wird wohl auch ein kleines bisschen der Spiegel vorgehalten, wenn Sie versuchen, sich gegenseitig zu beschreiben.

Nächtlicher Sternenhimmel

◎ **Widder** mutig, impulsiv, immer eine Spur schneller als die anderen, unterhaltsam und geradlinig

◎ **Stier** warmherzig, erdverbunden, beharrlich, gründlich, sinnlich und genussfähig

◎ **Zwilling** flexibel, sehr kontaktfreudig, reisefreudig, kreativ, vielseitig und kommunikativ

◎ **Krebs** mitfühlend, verantwortungsbewusst, recht häuslich, kreativ, naturliebend

◎ **Löwe** stolz, führungsstark, selbstbewusst, gern strahlender Mittelpunkt, freiheitsliebend

◎ **Jungfrau** gründlich, pflichtbewusst, verantwortungsvoll, vernünftig und anpassungsfähig

◎ **Waage** beziehungsliebend, kunstinteressiert, ästhetisch, friedliebend, freundlich

◎ **Skorpion** intelligent, zielstrebig, interessiert an allem Okkulten und Geheimnisvollen, treu

◎ **Schütze** freiheitsliebend, reisefreudig, organisatorisch sehr begabt, redegewandt

◎ **Steinbock** häuslich, ehrgeizig, sparsam, zielstrebig, konservativ, geduldig und verantwortungsbewusst

◎ **Wassermann** originell, unkonventionell, freiheitsliebend, offen für alles Neue und Unbekannte

◎ **Fische** freundlich, mitfühlend, flexibel

der folgenden Übersicht. Bei vielen Zauberritualen ist es wichtig, seinen Wunsch möglichst genau zu visualisieren. Nehmen Sie sich genügend Zeit dafür, ungestört von Ihrem Traumpartner und einer glücklichen Beziehung zu träumen.

Trauen Sie Ihrer Intuition und Ihren Visionen: Schenken Sie Ihren Träumen Beachtung, und freuen Sie sich über jedes innere Bild, das vor Ihnen aufsteigt. Überprüfen Sie Ihr so erlangtes Wissen mit der Realität Ihres Lebens. Ich kann Ihnen garantieren: Sie werden nach einiger Zeit sehr erstaunt darüber sein, was Sie eigentlich alles schon wussten, bevor sich die Ereignisse in der Realität zeigten.

Alkoholischer Kerzenzauber

Sollten Sie sich nicht so recht trauen, nachts allein unterwegs zu sein, dann ist dieses Ritual auch sehr geeignet, um es mit mehreren Frauen durchzuführen, die denselben Wunsch haben. Wenn Sie mögen, gönnen Sie sich ruhig gemeinsam noch ein kleines Picknick nach der Zeremonie.

Zutaten

eine rote oder rosafarbene Votivkerze
rosafarbenes Band (1 Meter lang)
eine Flasche (roten) Likör oder roten Traubensaft

Durchführung

Binden Sie sich das Band entweder um den Kopf oder um Ihr Handgelenk. Dann suchen Sie einen starken Baum ganz in Ihrer Nähe auf. Umarmen Sie ihn, und bitten Sie: »Großer Baum, starker Baum, hilf mir, einen Partner zu finden, den ich in Armen halten kann.« Zünden Sie die Kerze an, und stellen Sie sich den Mann Ihrer Träume jetzt ganz genau vor: Wie er Sie im Arm halten wird, wie Sie zusammen mit ihm spazieren gehen, wie Sie sich bei ihm geborgen fühlen werden usw. Nehmen Sie einen kräftigen Schluck Likör oder Saft. Stellen Sie sich dabei vor, wie Sie Ihre Vorstellung durch das Trinken im wahrsten Sinne des Wortes verinnerlichen.

Nun bringen Sie das Band, das Sie getragen haben, an einer versteckten Stelle am Baum an. Dabei wiederholen Sie Ihre Bitte nochmals. Nehmen Sie noch einen Schluck von Ihrem Getränk, und beobachten Sie, wie Ihre Kerze langsam herunterbrennt. Am wirksamsten ist diese Zeremonie, wenn Sie sie so oft wiederholen, bis die Kerze ganz heruntergebrannt ist.

Ein großer, majestätischer Baum ist das Sinnbild für Stärke, Zuverlässigkeit und Schönheit. »Ihr« Baum wird Ihnen helfen, dass sich Ihre Wünsche erfüllen.

Kerzenzauber für jeden Tag

Nun noch ein Kerzenzauber, der Ihnen vor dem Ausgehen zu Glück verhelfen kann. Aber Vorsicht: Wenden Sie ihn nur an, wenn Sie wirklich einen Partner suchen. Sonst könnte eine bestehende Verbindung gefährdet werden.

Zauberhaft durch die ganze Woche ...

Die verschiedenen Farben der Kerzen stehen für die Eigenschaften der Wochentage: Gelb repräsentiert den Sonntag, dessen Planet die Sonne ist. Deshalb ist Sonntag der Tag, an dem wir uns gern zeigen, mit der Familie oder dem Liebsten ausgehen. Weiß steht für den Montag, der vom Mond regiert wird; dieser Tag ist dafür bekannt, dass in den meisten Lokalen »nichts los« ist. Der Planet des Dienstags ist Mars (Rot). Dieser Tag ist daher günstig, um einen »feurigen Mann« (Mars!) kennen zu lernen. Mittwoch ist Merkurtag (Blau): Dann kann man besonders leicht Kontakte knüpfen, denn Merkur sorgt für leichte Kommunikation. Donnerstag wird vom großzügigen Jupiter regiert (Grün). Achten Sie nur darauf, dass Sie dann nicht einem »Schwätzer« auf den Leim gehen. Freitag steht unter dem Regime der Liebesgöttin Venus (Rosa) – ein besonders guter Tag zum Ausgehen, vor allem, wenn auch noch Vollmond ist. Den Samstag regiert Saturn (Silber). Die meisten verheirateten Paare haben sich an einem Samstag kennen gelernt – schließlich ist Saturn für seine Beständigkeit bekannt.

Dass die verschiedenen Farben Einfluss auf die Stimmung des Menschen haben, ist inzwischen erwiesen. Auch in der Magie spielen Farben eine große Rolle.

Zutaten

sieben Kerzen in den Farben Gelb, Weiß, Rot, Grün, Blau, Rosa, Silber
rosafarbenes Band (1 Meter lang)

Durchführung

Bevor Sie den Abend beginnen, sollten Sie unbedingt kurz an den Gott denken, der diesen Tag regiert. Zünden Sie dann die Kerze an, die farblich dem Tag entspricht (siehe Erklärung im Kasten oben), und bitten Sie um einen schönen Abend, der Ihnen Liebe schenkt. Singen oder summen Sie noch Ihr Lieblingslied zu Ehren der Gottheit, bevor Sie die Kerze löschen.

Ein Wunschzettelritual

Auch diesen Zauber kann man mit anderen Frauen durchführen. Gut wäre es, wenn Sie das Ritual bei jemandem durchführen, der einen Garten hat, denn zum Schluss muss der Zettel vergraben werden.

Zutaten

für jede Teilnehmerin ein Zettel und
eine große rote oder lachsfarbene Kerze

Durchführung

Entzünden Sie die Kerzen. Die Energie wird verstärkt, wenn Sie dabei ein Lied singen oder die Liebesgöttin Venus anrufen. Verwenden Sie dafür Worte oder Verse, die Sie vorher abgesprochen haben. Wenn Sie zu mehreren sind, stellen Sie die Kerzen im Kreis um sich herum auf. Auf die mitgebrachten Zettel schreibt nun jede Teilnehmerin für sich eine Wunschliste mit den Eigenschaften ihres zukünftigen Partners. Vermeiden Sie dabei, an eine konkrete Person zu denken. Stellen Sie sich stattdessen nur die von Ihnen gewünschten Traumeigenschaften vor. Wenn Sie beispielsweise einen zärtlichen Partner wünschen, dann »sehen« Sie vor sich, wie er Sie im Arm hält und streichelt. Möchten Sie mit ihm große Reisen unternehmen? Dann »sehen« Sie sich bereits in Las Vegas oder Brasilien. Lassen Sie Ihren inneren Bildern einfach freien Lauf. Kontrollieren Sie sich dabei nicht, sondern gestatten Sie Ihrer Phantasie alles.

Visualisieren Sie Ihre Wünsche bei allen magischen Ritualen möglichst intensiv. Stellen Sie sich die gewünschte Situation genau vor, malen Sie sich alles bis ins Detail aus …

Ziehen Sie ruhig eine gute Freundin ins Vertrauen: Viele Zauberrituale machen gemeinsam noch mehr Spaß.

Wenn Sie den Wunschzettel zusammen mit Ihren Freundinnen schreiben, sollten Sie das Ganze anschließend begießen. Trinken Sie roten Wein oder einen roten Saft – das verstärkt den Zauber. Nach diesem schönen Abend hat jede von Ihnen nur noch eine Aufgabe: Vergraben Sie den Zettel unter Ihrem Lieblingsbaum oder Strauch im Garten. Natürlich können Sie das auch in einem öffentlichen Park tun. Wichtig ist nur, dass Sie dabei nicht beobachtet werden; sonst könnte jemand den Zettel aus Neugier wieder ausgraben.

Lassen Sie Ihre Kerze beim Schreiben des Wunschzettels nicht vollständig abbrennen. Jedes Mal, wenn Sie sie dann später wieder anzünden, denken Sie an die inneren Bilder, die Sie beim Anfertigen des Wunschzettels aufsteigen sahen. Lassen Sie sich dann ganz auf die Gefühle ein, die Sie dabei spüren.

Das große Kerzenritual

Dieses sehr wirksame, starke Ritual sollten Sie nur mit besonderer Vorsicht anwenden. Es eignet sich zum Beispiel, wenn Sie sich bereits jemand Bestimmten als Partner vorstellen. Aber bitte zaubern Sie nur dann, wenn Sie völlig sicher sind, dass auch der oder die andere Interesse an Ihnen hat. Es handelt sich hierbei nämlich um ein so genanntes Binderitual, das sehr starke Wirkung hat. Prüfen Sie also Ihre Absichten, und wenden Sie es bitte nicht an, wenn Ihre Absichten auch nur im Geringsten unlauter sind. Sie wissen ja: Wenn Sie einen Zauber anwenden, der andere gegen ihren Willen an Sie binden soll, kann er Sie in großes Elend stürzen. Magier unter sich kennen die »Threefold-Regel«: Zaubern mit bösen Absichten kommt dreimal auf die Magierin zurück. Und liebevolles, positives Handeln wird dreifach belohnt.

Zutaten

eine große rosafarbene Ritualkerze
das Ritualöl Cleopatra Öl
rotes Seidenband (1 Meter lang)
CD oder Kassette mit Ihrer Lieblingsmusik

Durchführung

Geeignete Mondphase für dieses Ritual ist der zunehmende Mond. Salben Sie die Kerze mit dem Ritualöl ein, und umwickeln Sie mit dem Seidenband die Kerze von oben bis unten. Lassen Sie dazu Ihre Lieblingsmusik spielen. Dabei denken Sie an Ihren Liebsten.

Summen Sie die Melodie mit, und stellen Sie sich vor, dass Sie mit ihm eng umschlungen tanzen. Anschließend lassen Sie die Kerze für ein paar Minuten brennen. Damit der Zauber gelingt, müssen Sie darauf achten, dass das Seidenband kein Feuer fängt.

Jetzt kommt der wichtigste Teil: Machen Sie Ihrem Liebsten ein kleines Geschenk. Der Wert ist dabei absolut unwichtig. Sie können ihm auch einen Schokoladenriegel schenken. Wichtig dabei ist, dass Sie das Geschenk mit dem verzauberten, rosafarbenen oder roten Seidenband umwickeln.

Bitten Sie ihn, dass er das Band nicht wegwerfen, sondern zu seinen persönlichen Sachen legen soll. Sagen Sie einfach, es diene seinem Schutz.

Sie werden sehen, er wird ganz bestimmt auf Sie hören. Jetzt brauchen Sie nur noch abzuwarten, denn mit Hilfe dieses Zaubers wird die Beziehung enger werden als zuvor.

Setzen Sie solche magischen Rituale nur ein, wenn Sie sicher sind, dass Ihr Traummann sein Herz nicht schon an eine andere verschenkt hat. Magie darf niemals dazu benutzt werden, anderen zu schaden.

Sie können die gefühlsmäßige Bindung zwischen sich und Ihrem Partner durch geeignete magische Rituale unterstützen.

Mondzauber

Bei den meisten magischen Ritualen spielt der Mond eine wichtige Rolle. Schon immer standen die Menschen, vor allem Frauen, stark mit der »Mondin«, in Verbindung, was lange Zeit in Vergessenheit geraten war. Dass man sich heute wieder mehr mit der Mondin beschäftigt, hängt sicher damit zusammen, dass der weiblichen Energie insgesamt mehr Aufmerksamkeit gewidmet wird als zu Beginn des 20. Jahrhunderts. Inzwischen hat sogar die Wissenschaft den Einfluss der Mondin auf den Menschen bestätigt.

Vor allem wir Frauen interessieren uns für die Einflüsse des Mondes auf ganz alltägliche Belange wie Gesundheit, Ernährung, Schönheit oder Gartenarbeit.

Die Mondin kann sogar eine Diät unterstützen: Diese sollten Sie nämlich immer bei Neumond beginnen, da der Körper in dieser Zeit ohnehin mehr Flüssigkeit ausscheidet. Der Neumond ist ganz allgemein ein guter Zeitpunkt, um Neues, Unbekanntes in Angriff zu nehmen.

Comeback für Liebe, Gefühl und Intuition

Viel zu lange haben wir uns an »männlichen« Energien orientiert: Wir haben den Verstand vorbehaltlos akzeptiert und oft die Intuition unterdrückt. Die Frauenbewegung war eine Reaktion darauf, dass das weibliche Prinzip stark vernachlässigt wurde und das Gleichgewicht zwischen Yin und Yang, zwischen männlich und weiblich, gestört war. So wie sich das männliche Prinzip die Erde untertan machte, sie als bloße Quelle von Rohstoffen ausbeutete und nur immer noch mehr aus ihr herausholen wollte, verfuhr es mit den Frauen. Auch sie sollten durch ihr stummes Funktionieren, vor allem auch durch ihre Gebärfähigkeit, das System unterstützen. Ihre besonderen Fähigkeiten, die Intuition, das Mitschwingen mit den Gesetzen des Universums, wurden unterdrückt.

Schon seit einiger Zeit hat sich das geändert: Im ständigen Wechsel der beiden Urprinzipien Sonne und Mond, männlich und weiblich, Verstand und Gefühl, hell und dunkel, hat sich das weibliche Prinzip den ihm gebührenden Platz zurückerobert.

Der Mond steht für das weibliche Prinzip – für die Intuition, das Verborgene. Deshalb wird er auch als Luna, »die Mondin«, bezeichnet.

Die Kraft des Mondes für Erfolg in der Liebe nutzen

Auch der Mond hilft in der Liebe – und das schon bei der Partnersuche. Achten Sie darauf: In welchem Zeichen steht der Mond, wenn Sie ausgehen und jemanden kennen lernen? Nehmen wir an, es ist Vollmond, die ideale Zeit zum Ausgehen, und der Mond steht im Zeichen Krebs. Sie brauchen sich an diesem Abend nur dann zurechtzumachen, wenn Ihnen der Sinn nach Zärtlichkeit, Schmusen und Romantik steht; alle diese Eigenschaften werden nämlich dem Zeichen Krebs zugeordnet. Es ist sehr wahrscheinlich, dass die Menschen, denen Sie an diesem Abend begegnen, entweder diese Eigenschaften haben oder sehr stark unter der aktuellen Mondstimmung stehen. Sollten Sie eher Lust auf laute, unverbindliche Abenteuer haben, so ist ein Abend, wenn die Mondin im Zeichen Krebs steht, dafür sicherlich nicht geeignet: Sie würden nicht auf Ihre Kosten kommen. Hier ein paar Tipps dazu:

> Luna, die Mondin, repräsentiert Mitgefühl und Menschlichkeit. Ihre Kraft bestimmt den Zyklus alles Lebenden wesentlich mit.

Mond im Zeichen Widder: Lebenslust und Spaß

Ein Tag für Partys oder spontane Unternehmungen! Menschen, die Sie an diesem Tag kennen lernen, sind aufregende Begleiter; Langeweile kennen sie nicht. Vorsicht: Wenn Sie eine langfristige Beziehung suchen, können Sie zu Hause bleiben: Heute liegt Abwechslung und oberflächliches Vergnügen in der Luft!

Mond im Zeichen Stier: Schöne Beständigkeit

An diesem Abend ist Zeit für alles Sinnliche und Schöne. Diese Energie gibt auch Beständigkeit. Bekanntschaften des heutigen Abends könnten treue Begleiter werden – oder gar Partner fürs Leben.

Mond im Zeichen Zwillinge: Intellektuelle Abwechslung

Ein guter Abend für Zerstreuung aller Art, etwa Kino, Literatur, Diskussionen. Erwarten Sie jedoch nicht, dass »der Neue« von diesem Abend sich noch einmal bei Ihnen meldet: Dafür hat er einfach zu viel zu tun.

Sternschnuppen machen Wünsche wahr? Ob man dran glaubt oder nicht, so ganz kann sich wohl niemand den Sternen entziehen.

Mond im Zeichen Krebs: Kuscheln und Romantik

Der ideale Ausgehtag, wenn Sie Romantik lieben. Gehen Sie an diesem Tag nicht zu einer rauschenden Party; das wäre ein Widerspruch zur Krebs-Mond-Energie. Gehen Sie in eine lauschige Weinstube. Oder laden Sie »den Neuen« zum ersten Mal zu sich nach Hause ein. Sollten Sie eine Weltumrundung mit Ihrem Zukünftigen planen, können Sie an diesem Tag getrost zu Hause bleiben: Heute finden Sie diesen Partner garantiert nicht!

Mond im Zeichen Löwe: Ausgelassen feiern

Ein guter Tag für rauschende Feste, vor allem bei Vollmond. Heute könnten Sie den Partner kennen lernen, der das Leben in vollen Zügen mit Ihnen genießt und auch mal alle fünfe gerade lassen kann. Vorsicht: Mit Faulheit hat dieser Mann auch keine Probleme!

Mond im Zeichen Jungfrau: Rückzug und Neuordnung

Eigentlich kein Ausgehtag. Jetzt hat man eher Lust, die Wohnung aufzuräumen, Gartenarbeit zu machen oder Körperpflege zu betreiben. Wenn Sie sich aber heute für einen Diskussionsabend oder einen Vortrag entscheiden, der der Gesundheit gewidmet ist, stehen die Chancen gut, dass Sie auf einen Gleichgesinnten treffen.

Oft sagt Ihnen Ihre Intuition schon, ob Sie an einem bestimmten Abend ausgehen oder sich besser zurückziehen sollten. Hören Sie ruhig auf diese innere Stimme.

71

Mond im Zeichen Waage: Harmonie und Ästhetik

Machen Sie sich so schön wie möglich, und besuchen Sie eine kulturelle Veranstaltung: eine Oper, ein Konzert, eine Vernissage – alles, was mit Kunst zu tun hat, ist ideal. Der Mann, den Sie heute treffen können, liebt Ästhetik. Wenn es Ihnen gelingt, ihn zu bezaubern, könnte das der Beginn einer sehr harmonischen Beziehung werden.

Mond im Zeichen Skorpion: Leidenschaft und Liebesleid

Besser, Sie bleiben an diesem Abend zu Hause und lesen einen Kriminalroman. Es sei denn, Sie sind der Ansicht, dass Spannung und Leidenschaft in Ihrem Leben fehlen. An einem solchen Abend könnten Sie jemanden kennen lernen, der in Ihnen Gefühle weckt, die Sie bisher nicht kannten. Vorsicht: Suchtgefahr! Denn diese Menschen verfügen über die Fähigkeit, Empfindungen auszulösen, die drogenähnliche Wirkung haben.

Ob Sie eher Menschen kennen lernen, die auf eine Affäre aus sind, oder jemanden, der am liebsten seine Gedanken und Gefühle mit Ihnen austauschen möchte, wird auch von der Stellung des Mondes mitbestimmt.

Mond im Zeichen Schütze: Unterhaltsame Abwechslung

An einem solchen Abend werden Sie wahrscheinlich gern ausgehen wollen, da Sie sich so gut fühlen. Menschen, die Sie heute kennen lernen, vermitteln Ihnen das Gefühl, geliebt und anerkannt zu werden. Sie werden sich prächtig mit ihnen unterhalten können. Verlangen Sie jedoch nicht zu viel. Als Begleiter für alle Tage werden Sie Ihnen schnell auf die Nerven gehen.

Mond im Zeichen Steinbock: Sicheres Liebesglück

Raus mit Ihnen an diesem Abend, wenn Sie den Partner für immer suchen. Heute werden Sie gute Chancen haben, jemanden zu treffen, der sich ebenfalls überwinden musste, sein gemütliches Heim zu verlassen. Schnell könnten Sie feststellen, dass Sie gerade mit diesem Partner die angenehme Sicherheit gefunden haben, nach der Sie bisher suchten. Wenn Sie allerdings einen Partner suchen, der Ihnen Kurzweil und rasante Vergnügungen bietet, können Sie an Steinbock-Mond-Tagen getrost zu Hause bleiben. Den finden Sie dann nämlich nicht. Warten Sie, bis der Mond wieder im Widder, Löwen oder Schützen steht (siehe Seite 70 f. und oben).

Mond im Zeichen Wassermann: Offen für Neues

Ein idealer Abend oder Tag, um einen unkonventionellen Partner kennen zu lernen. Wenn Sie einen Partner für den Bund des Lebens suchen, können Sie jedoch zu Hause bleiben. Menschen, die Sie heute kennen lernen, halten von traditionellen Strukturen überhaupt nichts. Halten Sie sich an Tage, wo die Mondin in einem Erdzeichen wie Stier, Jungfrau oder Steinbock steht.

Mond im Zeichen Fische: Eine Nacht für Überraschendes

Entweder Sie verlieben sich an einem Fische-Mond-Abend hoffnungslos, oder Sie fühlen sich verloren wie nie. Lassen Sie sich überraschen: Tage, in denen die Mondin im Zeichen Fische steht, haben einen ganz eigenen Zauber. An Fische-Mond-Tagen ist es nicht ungewöhnlich, wenn man selbst launisch ist. Wenn Sie also Lust auf einen gemütlichen Abend haben, an dem Sie sich mit einem Bad verwöhnen wollen, bleiben Sie einfach zu Hause. Wichtig ist, dass Sie nur das tun, was Ihnen gut tut.

Zaubern in Harmonie mit dem wechselnden Mond

In den letzten Jahren wird den Menschen wieder mehr und mehr bewusst, dass der wechselnde Mond nicht nur das Leben sensibler Menschen beeinflusst, sondern ebenso bei ganz praktischen Dingen mit im Spiel ist.

Heute ist es selbst in der Geburtsmedizin kein Geheimnis mehr, dass bei Vollmond die meisten Kinder geboren werden; zu Neumond herrscht dagegen Ruhe im Kreißsaal. Das ist kein Zufall: Neumond ist der Neuanfang, an dem man eher bereit sein wird, sich zurückzuziehen und innere Überprüfung zu halten: Was war gut in den letzten vier Wochen, wo möchte ich etwas verändern? Versuchen Sie einmal, darauf zu achten, worauf Sie an Abenden mit Neumond Lust haben: Meist ist man dann wenig unternehmungslustig, sondern möchte lieber zu Hause bleiben – es sich so richtig gemütlich machen. Ein warmes Bad nehmen, ausgiebig in die Sauna gehen, Freundinnen zu sich einladen. Der Vollmond dagegen setzt uns in Bewegung, macht uns unruhig und ist ganz allgemein günstig, um eine Sache zu beenden oder ein Unternehmen zum Abschluss zu bringen.

Auch bei der Körperpflege kann der Mond die Wirkung verschiedener Maßnahmen verstärken oder abschwächen.

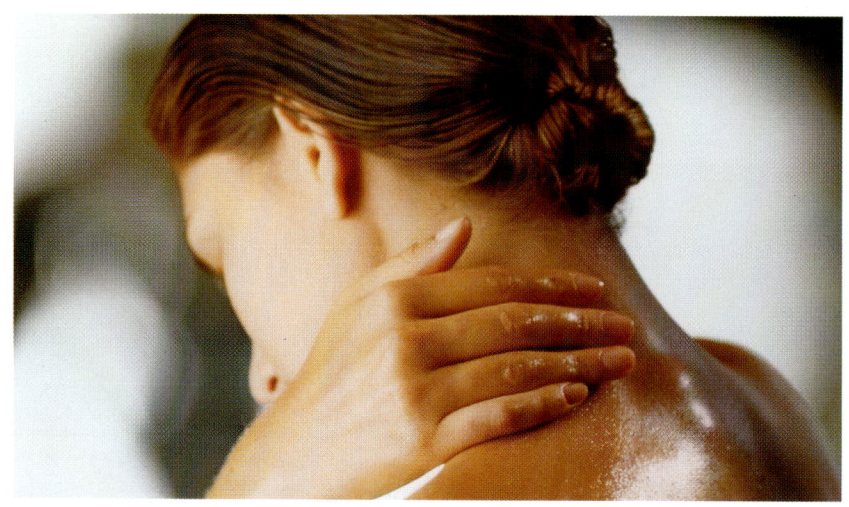

Die eigenen Kräfte sinnvoll nutzen

Natürlich müssen Sie sich nicht bei jeder Unternehmung sklavisch an den Mondphasen orientieren. Aber Sie können seine Kraft nutzen, um bestimmte Projekte – Sport, Fastenkuren und Ähnliches – zu unterstützen.

Der weibliche Zyklus dauert 28 Tage: genauso lang, wie der Mond braucht, um einmal die Erde zu umrunden. Sie können die Mondenergie nicht nur fürs Gärtnern oder für die Körperpflege nutzen, sondern auch beim Zaubern. Da der Erfolg beim Zaubern davon abhängt, wie viel Energie Sie haben, sollten Sie die Mondphasen beachten. Während der Mond zunimmt, ist die Zeit des Aufbaus und des Kräftesammelns. Genießen Sie den Vollmond, dann haben Sie besonders viel Kraft und Lebensfreude. Bei abnehmendem Mond können Sie neue Projekte – ob eine Diät oder regelmäßigen Sport – sehr gut beginnen und durchhalten. Diese Phasen betreffen auch das Zaubern: Einen Liebeszauber, der eine Beziehung festigen soll, führen Sie am besten bei zunehmendem Mond durch. Wenn dagegen eine Liebe beendet ist, einer der Partner aber nicht loslassen kann, ist die abnehmende Mondin der geeignete Zeitpunkt, um den Abschied zu unterstützen.

Der Mondaltar

Der Mond hat so viel Einfluss auf Ihr Leben – vielleicht möchten Sie ihm einen Platz in Ihrer Wohnung widmen? Gestalten Sie doch jetzt einen Ort in Ihrem Zuhause, der speziell dem Mond gewidmet ist. Für die Partnersuche wirkt sich das auch nur positiv aus: Wie bereits erwähnt, symbolisiert der Mond das Unbewusste. Und Sie

74

werden feststellen, dass Sie genau davon zu Ihrem Traumpartner geleitet werden. Oft schon habe ich von Menschen Aussagen wie die folgende gehört: »Ich weiß gar nicht, warum ich gerade zu dieser Veranstaltung gegangen bin. Normalerweise gehe ich nie in diesen Stadtteil. Aber genau da habe ich ihn kennen gelernt. Was für ein Zufall!« Solche Begebenheiten sind keine Zufälle, dafür treten sie viel zu häufig auf. Diese Menschen haben nur auf ihr Unbewusstes gehört und konnten die Botschaft der Mondin aufnehmen, die sie zu gerade dieser Zeit an diesen Ort geführt hat.

Der Mondaltar wird Ihnen helfen, Ihrer Intuition mehr zu vertrauen und sich führen zu lassen.

Schauen Sie sich in Ihrer Wohnung nach einem ruhigen Plätzchen um. Der Mond mag es nicht laut und geschäftig; er entfaltet sich lieber im Verborgenen. Wenn es räumlich möglich ist, dann richten Sie den Altar nach Osten aus.

Die Farben Weiß und Silber werden der Mondin zugeordnet. Dekorieren Sie den Altar mit einer weißen Kerze, vorher legen Sie eine weiße Tischdecke auf. Einige weiße Blütenblätter in einer Kristallschale arrangiert, passen wunderbar dazu. Vergessen Sie nicht, eine Duftlampe aufzustellen. Monddüfte sind sinnlich und schwer. Amber, Patchouli oder Sandelholz eignen sich am besten für ein Mondritual. Experimentieren Sie auch einmal mit Jasmin, das ist mein liebster Monnduft.

Eine starke magische Wirkung haben selbst gefertigte Gegenstände, die Sie dem Mond widmen: Malen Sie ein kleines Bild, oder schneiden Sie ein Foto von Ihrem Liebsten oder dem Traumpartner in Herzform aus. Umsticken Sie es mit weißem Garn. Alles, was mit Liebe (also vergangenen und aktuellen Liebesgeschichten) zu tun hat, gehört auf den Mondaltar. Aber Vorsicht: Es sollten nur Dinge sein, die positive Erinnerungen wach rufen, und bei deren Anblick Ihre Liebesenergie ungehindert fließen kann. Fotos eines einstigen Traumpartners, der sich schließlich zum Alptraum wandelte, gehören nicht auf den Altar!

Gefühle wie Liebe und Fürsorglichkeit sind dem Mond zugeordnet – gerade diese sollte man nie missbrauchen. Deshalb dürfen Sie nicht versuchen, den Willen einer anderen Person zu beeinflussen. Jegliche Manipulation des freien Willens anderer Menschen fällt in den Bereich »Schwarze Magie« und kommt dreifach auf Sie zurück.

Nutzen Sie die Hilfe des Mondes auch für ganz »irdische« Vorhaben: Wenn Sie überflüssige Pfunde verlieren wollen, stellen Sie Ihre Ernährung am besten zur Zeit des abnehmenden Mondes um.

Mondmeditation

Meditation ist eine hervorragende Methode, um sich mit den Energien der Mondin vertraut zu machen und die Intuition zu schulen. Meditieren Sie doch einmal in den verschiedenen Phasen der Mondin. Zu Neumond entzünden Sie eine weiße Kerze, und tupfen Sie etwas Angel-Oil auf Ihre Stirn. Legen Sie sich entspannt auf den Boden, möglichst so, dass Sie den Nachthimmel sehen können. Atmen Sie dreimal tief ein und aus. Sprechen Sie laut oder in Gedanken: »Jungfräuliche Mondgöttin, entfache in mir alle Kräfte, die mir zur Verfügung stehen. Gib mir die Energie, die Dinge anzupacken, die mir wichtig sind. Lass all meine Talente und Fähigkeiten aufgehen wie den Samen auf dem Felde.« Anschließend atmen Sie nochmals dreimal ein und aus. Versuchen Sie, die Neumondenergie zu erspüren.

Bei Vollmond führen Sie das oben geschilderte Ritual ebenfalls durch, allerdings mit anderen Worten: »Vollmond, schenke mir deine Kraft, um zu leuchten und völlig im Besitz meiner Energien zu sein. Schenke mir einen Gefährten, mit dem ich diese Kräfte voll ausleben kann.« Nachdem Sie wieder dreimal ein- und ausgeatmet haben, konzentrieren Sie sich auf das Antlitz der Mondin, wie sie in Ihr Zimmer scheint. Jedes Mal, wenn Sie sie jetzt erblicken, können Sie sich an die Kräfte erinnern, die Sie nach dieser Meditation gespürt haben.

Unabhängig davon, ob Sie die in diesem Buch beschriebenen magischen Rituale ausprobieren oder nicht: Sich immer wieder einmal auf sich selbst zu besinnen und innezuhalten, ist für jeden Menschen sinnvoll.

Diese Meditation hilft Ihnen, zur Ruhe zu kommen und Körper und Geist zu entspannen.

Mondschutzzauber

Und hier einer der wirksamsten Schutzzauber, um sich gedanklich zu reinigen. Diese Reinigungszeremonie hat die Wirkung eines erholsamen Bades. Haben Sie schon einmal festgestellt, dass Sie zu manchen Zeiten verstärkt das Bedürfnis haben, eine Dusche oder ein Bad zu nehmen? Achten Sie einmal darauf: Meist stehen Sie dann besonders unter Druck, fühlen sich vielleicht stärker als sonst von anderen Menschen beansprucht. Mit dem Bedürfnis, sich zu waschen, signalisiert uns der Körper, dass er es für dringend nötig hält, sich von Schmutz zu befreien. Und dabei kann es sich auch um »seelischen Schmutz« handeln. Kommen Sie Ihrem Bedürfnis nach Reinigung möglichst immer nach. Anstatt jedoch mehrmals täglich zu duschen, was für die Haut ohnehin nicht gut wäre, können Sie den Mondschutzzauber durchführen.

Wenn Sie sich müde und abgespannt oder von den Energien anderer Menschen ausgelaugt fühlen, legen Sie sich ausgestreckt auf den Boden. Stellen Sie sich vor, wie sich ein weißer Lichtkegel nähert, wie er sich auf Sie niedersenkt und das sanfte Licht Sie vollständig einhüllt. Sie sind nun völlig im Schutz des weißen Lichts, das alle Spannung von Ihnen nimmt. Sie fühlen sich geborgen und sicher. Atmen Sie dreimal langsam ein und aus. Genießen Sie das Weiß, das Sie umhüllt. Jetzt atmen Sie noch einmal langsam ein und aus und genießen das Gefühl, vollkommen von dem weißen Licht behütet und beschützt zu sein. Setzen Sie sich auf, atmen Sie ruhig ein und aus, und bleiben Sie so noch ein paar Minuten ruhig sitzen.

Magie sollte niemals benutzt werden, um anderen zu schaden. Sie können sich jedoch mit Weißer Magie gegebenenfalls gegen schädliche oder belastende Einflüsse anderer Personen schützen.

Versuchen Sie, in den kommenden Wochen mehr mit den Energien und Phasen der Mondin zu leben. Sie werden bewusster leben und – wenn Sie weiblich sind – ganz neue Aspekte an sich selbst entdecken. Da die unterschiedlichen Mondphasen das elektromagnetische Feld der Erde beeinflussen und dieses wiederum den menschlichen Körper, werden sich Ihnen mit steigendem Bewusstsein neue Erfahrungen eröffnen.

Unser mondisches Unterbewusstsein weiß viel eher als wir selbst, was für uns gut ist, und was wir besser meiden sollten. Nur sind wir oftmals so mit banalen Alltagsdingen und unwichtigen Äußerlichkeiten beschäftigt, dass wir nicht auf die Signale des Mondes hören.

Die Magie des Vollmondes

Beginnen Sie, ganz bewusst darauf zu achten, wann Vollmond ist. Dies ist ganz einfach: Fast jede Tageszeitung enthält einen Mondkalender, dem Sie die einzelnen Mondphasen entnehmen können. Auch im Buchhandel gibt es viele Mondbücher, die einen täglichen Kalender beinhalten. Das Wissen um die Mondphasen können Sie im Alltag nutzen: Vollmond entspricht der Zeit, in der gerade wir Frauen im Vollbesitz unserer körperlichen und geistigen Kräfte sind. Die Mondin steht dann der Sonne »voll« gegenüber und strahlt am hellsten, weil sie ihr Licht reflektiert. Ihre Träume können in diesen Tagen sehr luzid, also hell, sein. Achten Sie darauf! Denn oft geben uns solche Träume einen wichtigen Hinweis auf unsere Liebeswünsche.

Legen Sie einen Schreibblock neben das Bett, und notieren Sie, was Sie im Traum gesehen haben. Dies kann auch ein Tipp oder ein Hinweis sein, auf eine Veranstaltung oder ein Fest zu gehen. Hören Sie darauf. Wenn Sie auf der Suche nach dem idealen Liebespartner sind, dann ist das Schulen Ihrer Intuition die Grundvoraussetzung für erfolgreiche Magie.

Ein Vollmondritual: Sich selbst lieb gewinnen

Sich selbst zu mögen, gute Seiten an sich zu entdecken und sich mit seiner Persönlichkeit »auszusöhnen« – das sind die Grundlagen dafür, auch von anderen geliebt zu werden. Das fällt vielen Menschen schwer. Deshalb verrate ich Ihnen hier ein Mondritual zur Selbstliebe, das bei Vollmond durchgeführt werden sollte: Wählen Sie ein Foto von sich aus, auf dem Sie sich gut gefallen. Schneiden Sie es in Herzform aus, und umsticken Sie den Rand mit einem Garn in Ihrer Lieblingsfarbe. Lassen Sie dabei sich selbst die besten Gedanken zukommen; summen Sie Ihr Lieblingslied vor sich hin. Denken Sie an die guten Eigenschaften, die Sie haben. Denken Sie an alle Menschen, die Sie lieben, und versuchen Sie sich vorzustellen, was diese Menschen an Ihnen schätzen. Wenn Sie Ihre Arbeit beendet haben, stellen Sie das Foto auf Ihren Mondaltar. Feiern Sie sich selbst, indem Sie an jedem Vollmond eine weiße Kerze abbrennen lassen. Zu Ihrer Ehre!

Ein Mondritual vor dem Ausgehen

Bevor Sie in Vollmondnächten ausgehen, um jemanden kennen zu lernen, lassen Sie die weiße Kerze ein wenig brennen. (Vergessen Sie bitte nicht, sie vor dem Verlassen der Wohnung zu löschen!) Legen Sie sich eine schöne Hintergrundmusik dazu auf (z. B. »Luna« von Thea), um sich auf die Mondenergie einzustimmen. Konzentrieren Sie sich dabei auf alle Ihre Wünsche, die die Liebe betreffen. Aber bitte ohne Zwang, lassen Sie einfach Ihre Gedanken fließen, und stellen Sie sich bildlich vor, was Sie sich für diesen Abend an Liebesenergie wünschen. Dann erst sollten Sie sich hinaus in die Nacht begeben.

Wenn Sie einen wunderschönen Abend gehabt haben und nach Hause zurückkehren, vergessen Sie nicht, sich beim Mond zu bedanken, auch wenn Sie an dem Abend noch nicht den Partner fürs Leben gefunden haben. Ein schöner Abend ist für eine Danksagung Grund genug.

Wenn Sie nur noch ins Bett fallen, dann können Sie Ihren Dank am Montag nachholen: Dieser Tag ist traditionell dem Mond gewidmet (siehe auch Kasten Seite 64). Wünsche haben an diesem Tag, zumal, wenn er noch auf einen Neumond fällt, den größten Erfolg.

Neumondtipps

Wenn der Vollmond die Zeit ist, in der wir voll zupacken können und einfach »gut drauf« sind, so zeigt der Neumond uns jedes Mal einen Neubeginn an. Wahrscheinlich sind Sie in diesen Zeiten nicht so unternehmungslustig wie sonst. Ihre freien Stunden verbringen Sie lieber allein, als sich mit anderen ins Getümmel des Lebens zu stürzen. Geben Sie diesen Empfindungen nach: Die Mondin zeigt uns, dass alles im Leben Zyklus ist, ein Werden und Vergehen. Wir können nicht immer aus dem Vollen schöpfen – wie zu Zeiten des Vollmondes –, sondern brauchen auch Zeit für Besinnung und Erholung. Wenn Sie einen Partner suchen, dann ist der Vollmond ideal, um in die Welt hinauszugehen und zu zeigen: »Ich bin frei, ich habe Interesse an anderen.« Zu Neumond hingegen, wenn sich die Mondin hinter der Sonne versteckt, ist die ideale Zeit, um für sich allein festzustellen: »Wer bin ich? Was suche ich im anderen, welche

Die Zeit des Neumondes ist für viele ein Rückzug ins Selbst: Man besinnt sich, stellt sich und andere an solchen Tagen vielleicht mehr infrage als sonst.

79

Bereiche meines Lebens will ich mit ihm teilen?« Der Neumond hilft, verborgene Bereiche zu entdecken. Nutzen Sie diese Ruhephase des Mondes für die Mondrituale, bei denen sich die Kraft nach innen richtet. Jetzt können Dinge begonnen werden, die Sie sich vielleicht schon lange gewünscht haben.

Zauber bei Neumond: das Band

Dieser einfache, wunderschöne Zauber zu Neumond kann einen Neubeginn im eigenen Leben anzeigen.

Bei diesem Ritual sind die Gedanken und Gefühle besonders wichtig für den Erfolg. Achten Sie also darauf, dass Sie bei diesem Zauber ganz bei der Sache bleiben.

Zutaten

ein Ast oder ein Bambusstöckchen
viele verschiedenfarbige Wollreste und Garne,
am besten in Ihren Lieblingsfarben

Durchführung

Umwickeln Sie das Stöckchen von unten nach oben. Die einzelnen Wollfäden können Sie mit Klebstoff fixieren. Wickeln Sie die verschiedenen Farben abwechselnd ums Stöckchen. Lassen Sie dabei Ihre Gedanken um Ihre Lebenswünsche kreisen: Wenn Sie auf der Suche nach einem Partner sind, malen Sie sich aus, wie zärtlich Sie miteinander sein werden. Konzentrieren Sie sich beim Umwickeln des Stöckchens ganz auf die Gefühle, die Ihr zukünftiger Partner bei Ihnen hervorrufen wird. Lassen Sie sich auf diese Gefühle ein – lassen Sie sich fallen. Sich auf die Gefühlsenergie zu konzentrieren, ist wichtiger, als dass man sich eine bestimmte Person als Partner vorstellen kann. Gefühle sind unsere stärkste Macht. Sie bewirken in der Regel viel mehr als rationale Überlegungen. Die Gefühle, die Sie beim Herstellen des Bandes haben, werden durch die Tätigkeit des Bindens festgehalten. Wenn Sie etwas herstellen, während Sie sich intensiv auf Ihre Wünsche konzentrieren, hat der so entstandene Gegenstand große magische Wirkung. Deshalb sollten Sie auch darauf achten, dass sich während des Umwickelns keine schlechten Gedanken einschleichen, die irgendwem schaden könnten. Wenn Sie das Stöckchen fertig gestellt haben, und es in allen Regenbogenfarben leuchtet, können Sie ihm einen Platz in Ihrer Wohnung geben, wo Sie es gut sehen können. Jedes Mal, wenn Sie es betrachten, werden Sie an die intensiven Gefühle denken, die Sie beim Binden hatten. So halten sie ständig Ihren Liebeswunsch wach, den dann der richtige Partner aufnehmen kann.

Drei Monate, nachdem meine beste Freundin diesen Zauber an einem schönen Sommerabend auf ihrem Balkon gemacht hatte, lernte sie ihren jetzigen Mann kennen. Das Stöckchen hat sie jetzt in ihrem neuen Garten eingepflanzt. An ihm ranken sich wunderschöne, üppige Wildrosen hoch. Einen besseren Schutzzauber könnte ihre neue Liebe nicht haben.

Neumondzauber, der neue Kraft gibt

Viele Frauen neigen dazu, sich völlig zu verausgaben. Stets haben sie das Gefühl, nicht gut genug zu sein, zu wenig getan zu haben. Nicht selten entstand dieses Gefühl schon in der Kinderzeit. Etwa wenn ein Mädchen nur beachtet wurde, wenn es Leistung erbrachte oder sich besonders gut benahm. Diesen Zustand kennen fast alle Frauen. Und Sie sollten ihm bewusst entgegenarbeiten. Versuchen Sie es einmal mit diesem Ritual, das nicht nur der Entspannung dient, sondern Geist und Seele auch von schlechten Energien reinigt. Sie benötigen einen Abend, an dem Sie wirklich ungestört sind.

Gerade zu Neumond haben Sie vielleicht das Bedürfnis, sich zu schonen und neue Kraft zu tanken. Dieses Ritual hilft Ihnen dabei.

Rosen sind die Blumen, die am häufigsten mit Gefühlen wie Zuneigung, Leidenschaft und Liebe in Verbindung gebracht werden.

Zutaten

....

eine weiße Ritualkerze
1/4 Liter Milch
einige Rosenblätter
Cleopatra-Öl

....

Durchführung

Lassen Sie Badewasser in die Wanne ein, und zünden Sie die Kerze an. Fügen Sie die Rosenblätter, etwas von dem Cleopatra-Öl und die Milch hinzu. Während Sie das Wasser in die Wanne und über Ihre Hände fließen lassen, sprechen Sie:

»Wasser läuft durch meine Hand,
schlechte Energie gebannt.
Lass mich werden stark und froh,
dieses Bad genieß ich so.«

Legen Sie sich jetzt in Ihr Entspannungsbad. Schließen Sie die Augen, und visualisieren Sie, wie sämtliche Sorgen, Ihre Müdigkeit, Ihre Ängste einfach abfallen. Bleiben Sie im Wasser, solange Sie möchten.

Wenn Sie dieses Ritual immer an Neumond durchführen, tanken Sie neue Energie. Sie wirken dann gelöster und offener – natürlich auch gegenüber einem potenziellen Liebespartner. Und dieser Eindruck kann sehr, sehr wichtig sein. Denn oft schon habe ich Männer sagen hören: »Ich habe mich gleich in ihr Lachen verliebt. Sie war so unkompliziert und fröhlich, das hat mir gefallen.« Also, sorgen Sie dafür, dass Sie sich gut und entspannt in Ihrem Leben fühlen, wenn Sie einen Partner suchen. Eine gestresste, unglückliche Frau zieht keine glücklichen, zufriedenen Männer an – und einen solchen wünschen Sie sich doch sicher!

Nicht nur bei einem solchen magischen Ritual, sondern auch im Alltag sollten Sie versuchen, die Körperpflege ganz bewusst zu genießen: Stellen Sie sich beim Baden oder Duschen bildlich vor, wie Sie auch negative Energien und alles Belastende von sich abwaschen.

Die Festung – Stärke für schwache Tage

Dies ist ein weiterer geeigneter Schutzzauber für Tage, an denen Sie sich einsam und gestresst fühlen, aber trotzdem gern ausgehen möchten. Wird er regelmäßig an Neumond durchgeführt, verhindert dieser Zauber, dass Sie von anderen Menschen ausgenutzt und belogen werden.

Zutaten

ausnahmsweise drei schwarze Ritualkerzen
(falls Sie keine bekommen, nehmen Sie weiße)
Protection-Oil oder Thea's Schutzöl
etwas Salz
eine Schale Wasser

Durchführung

Streuen Sie das Salz ins Wasser, um sich von schlechten Energien zu befreien. Nun salben Sie die erste schwarze Kerze mit dem magischen Öl. Bitte achten Sie darauf, dass Sie immer von der Mitte nach unten, dann von der Mitte nach oben salben. Dann zünden Sie die Kerze an. Denken Sie nun an Ihre Sorgen. Wenn Sie sich schwach fühlen, dann denken Sie an Ihren körperlichen Zustand, den Sie positiv verändern möchten. Sprechen Sie:
»Du bist klein. Du bist nichts.
Du bist verschwunden.«
Lassen Sie die Kerze eine Zeit lang brennen. Löschen Sie sie dann in der Wasserschale. Wenn Sie das Gefühl haben, dass es Ihnen jetzt besser geht, beenden Sie das Ritual. Sonst zünden Sie eine weitere Kerze an und wiederholen den Zauberspruch. Die Kerzen, die Sie nicht brauchen, packen Sie in ein Tuch. Sie können sie beim nächsten Mal wieder verwenden. Das Wasser schütten Sie jetzt in den Abfluss. Dabei wiederholen Sie den Zauberspruch.

Spüren Sie in sich hinein: Hat Ihnen das Ritual geholfen? Wenn Sie noch keine Wirkung bemerken, wiederholen Sie den Ablauf einfach noch einmal.

Kerzenlicht kann viele magische Rituale unterstützen. Gleichzeitig hat es eine beruhigende, harmonisierende Wirkung.

So wird Ihre Wohnung zum Liebesnest

Damit sich beide Partner in einer Beziehung wohl fühlen, ist auch die Umgebung nicht ganz unwichtig. Das beginnt schon in der eigenen Wohnung: Machen Sie ein kuscheliges, angenehmes Liebesnest daraus! Um sich in Ihrer Wohnung wohl zu fühlen und erotische Situationen zu begünstigen, sollten Sie ein paar einfache Grundregeln beachten.

Den Platz für die Liebe mit Leben umgeben

Wie fühlen Sie sich, wenn Sie Ihren Schlafraum oder den Raum, in dem sich Ihre erotischen Aktivitäten hauptsächlich abspielen, betreten? Gute Energie ist immer dort, wo Lebendiges ist: Licht, Blumen, Wasser. Versuchen Sie deshalb, diese Elemente in Ihrer Wohnung zu verwenden. Wenn Sie keinen Ausblick auf eine grüne Umgebung haben, schaffen Sie sich selbst eine: Stellen Sie Grünpflanzen auf, kaufen Sie sich einen kleinen Zimmerbrunnen, verwenden Sie Kerzen.

Belastende Erinnerungen abschütteln

Achten Sie darauf, welche Gegenstände Sie in der Nähe des Bettes platziert haben. Wenn Sie sie berühren, welches Gefühl haben Sie dann? Arrangieren Sie Kleinigkeiten wie Fotos, Reiseerinnerungen oder Steine nur dann in der Wohnung, wenn Sie dazu auch wirklich einen persönlichen Bezug haben.
Für Ihre jetzige Beziehung ist es beispielsweise schlecht, wenn Sie noch ein Foto Ihres letzten Lovers in der Nachttischschublade verwahrt haben, selbst wenn es gar nicht offen für jeden sichtbar ist. Aber es wirkt – und zwar als Blockade gegen Ihre neue Beziehung. Haben Sie vielleicht ein Schmusetier von Ihrem Exfreund geschenkt bekommen, das noch Ihr Bett bewacht? Verschenken Sie es, verkaufen Sie es auf dem Flohmarkt. Mit Geschenken sind Erinnerungen verknüpft.

Machen Sie Ihren Schlafraum zu einem Platz, am dem Sie sich wohl fühlen, sich gern entspannen oder der Liebe hingeben.

Der Platz, an dem Sie schlafen oder Ihren Partner lieben, sollte frei von störenden Energien und belastenden Erinnerungen sein.

Und so, wie unser Gedächtnis oft jahrzehntelang Erfahrungen speichert und sich dann aufgrund eines Duftes oder Geräusches erinnert, bleiben auch mit einem Gegenstand die damit verbundenen Gefühle ständig präsent. Wenn Sie also neue erotische Energie spüren wollen, trennen Sie sich von alten Geschenken. Vor allem, wenn sich diese in Ihrem Schlafraum befinden.

Sich vom Alltag frei machen

Lassen Sie Probleme und Sorgen vor der Tür. Versuchen Sie, sich beim Nachhausekommen ganz bewusst auf Ihre Freizeit, Ihr Zuhause zu konzentrieren.

Bevor sie Ihr Liebesspiel beginnen oder sich auch nur in Ihrem Schlafraum entspannen, sollten Sie sich reinigen. Das heißt nicht, dass Sie unbedingt duschen müssen – wobei ein gemeinsames Bad ein wunderbarer Auftakt zu einem entspannenden Abend sein kann. Ausreichend ist es aber oft auch schon, wenn Sie sich nur gedanklich von der Welt außerhalb Ihrer Wohnung mit ihren vielen ungefilterten Eindrücken verabschieden. Sie können dies bereits mit dem Herumdrehen des Schlüssels in der Wohnungstür machen. Wichtig ist nur, dass Sie keine schlechte Energie – die Missmutigkeit, den Ärger anderer Menschen, ihre Hektik – mit in Ihren Schlafbereich nehmen. Versuchen Sie, Ihre Gedanken an den Alltag loszulassen, bevor Sie Ihren Wohn- und Schlafbereich betreten. Am besten drehen Sie sich auf der Schwelle dreimal im Uhrzeigersinn. Ziehen Sie die Schuhe aus, denn schließlich betreten Sie Ihren Tempel. Je mehr Sie in Ihren eigenen Räumen entspannen können, desto bessere Energie wird dort zirkulieren. Wirkliche Entspannung erreichen Sie nur, indem Sie ganz bewusst loslassen. Wenn Sie also nach einem harten Arbeitstag und vielen, vielleicht auch unangenehmen Kontakten zu anderen Menschen Ihre Räume betreten, ist es wichtig, diese negativen Energien abzustreifen. Hierzu eignen sich Entspannungsmethoden wie autogenes Training oder Yoga ganz besonders gut. Oft reicht es schon, wenn Sie sich einfach ruhig auf den Boden legen und dabei tief ein- und ausatmen (siehe auch Rituale Seite 76 f.). So können Sie sich erden und Verbindung mit sich selbst aufnehmen. Bleiben Sie ein paar Minuten auf dem Boden liegen. Wenn möglich, hören Sie dabei eine Kassette mit meditativer Musik – oder Sie lauschen einfach Ihrem Atem. Wenn Sie aufstehen, werden Sie feststellen, dass Sie sich entspannter fühlen. Der Abend kann beginnen.

Folgen Sie Ihrer Intuition und Ihren Bedürfnissen

Gehen Sie intuitiv mit Ihrer Wohnung und allen Dingen darin um. Wenn Sie nach einer Reise nach Hause kommen und das Gefühl haben, jetzt einiges verändern zu wollen, dann tun Sie es. Ihr Unterbewusstsein signalisiert Ihnen mit diesem Wunsch, dass das innere Bedürfnis nach Veränderung, dem Sie zunächst mit der Reise nachgekommen sind, jetzt auch in Ihrer Wohnung Ausdruck finden möchte. Wenn Sie sich in Ihren vier Wänden erotisch angeregt fühlen wollen, so ist es sehr wichtig, der Intuition zu folgen. Das kann bedeuten, dass Sie immer wieder einmal das Bedürfnis haben, neue Dinge in Ihrer Wohnung aufzustellen, sich von bestimmten Gegenständen zu trennen oder sie einfach nur anders zu platzieren. Geben Sie diesem Bedürfnis nach, und nehmen Sie Veränderungen vor. Ihre Wohnung sollte Ihrer Persönlichkeit entsprechen – und widerspiegeln, wie Sie sich fühlen. Energie ist nichts Statisches, sondern verändert sich ständig. Lassen Sie diese Veränderungen zu – damit erlauben Sie Ihrer inneren Energie und der Energie Ihrer Umgebung ungehindert zu fließen. Ihrer Erotik wird das zugute kommen, denn auch sie ist ein wildes, ungezügeltes Kind, das ständig neue Energie braucht!

Vielleicht machen Sie es sich zur Gewohnheit, Ihr Nachhausekommen mit einem kleinen Ritual zu »feiern«: Machen Sie einige Entspannungsübungen, gönnen Sie sich einige Minuten Ruhe bei einer Tasse Tee, oder wechseln Sie Ihre Kleidung.

Ecken voller Gerümpel und ungenutzter Dinge symbolisieren auch »Unaufgeräumtes« in der Seele.

Wenn Sie meinen, dass Veränderung jetzt gerade gar nicht in Ihr Lebenskonzept passt, und glauben, besonders »vernünftig« sein zu müssen, zeigt das oft, dass Sie sich durch Ihre Umgebung ausgesogen fühlen. Obwohl Sie vielleicht Lust hätten, Ihre Wohnumgebung nach Ihren Wünschen zu gestalten, verharren Sie in alten Mustern. Nach und nach geht so alle Energie verloren: Wenn Sie Ihren unbewussten Wünschen nach Veränderung nicht nachkommen, wirkt Ihre Wohnung wie ein riesiger Magnet, der all Ihre alten Verhaltensmuster widerspiegelt und Sie permanent auslaugt. Ein Wechsel Ihrer Umgebung spiegelt oft große Veränderungen in Ihrem Leben: Setzen Sie dieses Wissen gezielt ein. »Verändere 27 Dinge in deiner Wohnung, wenn du dein Leben verändern willst«, sagen die Chinesen. Beginnen Sie jetzt!

Gehen Sie achtsam mit Ihren Räumen um. Ihre Wohnung ist Ihr Rückzugsort. Hier sollten Sie sich geborgen fühlen und neue Kräfte tanken können.

Die Wohnung verändern

Energie fließt ständig. Wenn Sie für eine erotische Atmosphäre in Ihrer Wohnung sorgen wollen, sollten Sie daher regelmäßig aufräumen und dafür sorgen, dass Dinge, für die Sie keine Verwendung mehr haben, einer anderen Bestimmung zugeführt werden. An allen Stellen, wo Gegenstände seit längerer Zeit lieblos aufgehäuft liegen, kann keine Energie mehr fließen. Werfen Sie also weg, was Sie nicht mehr brauchen: Kleidung, Schuhe oder Bücher können Sie einer gemeinnützigen Organisation zukommen lassen. Kleinere Gegenstände, die herumliegen und so zu viel Platz beanspruchen, sollten Sie in Schachteln oder im Schrank verstauen.

»Energieräuber«: Bitte draußen bleiben!

Damit Ihre Räume nicht zu viel schlechte Energie aufnehmen, sollten Sie überlegen, wen Sie zu sich in die Wohnung einladen. Sicher werden Sie schon bemerkt haben, dass Sie sich nach dem Besuch mancher Menschen schlechter fühlen als zuvor. Ihr energetischer Zustand hat sich verändert, weil diese Menschen negative Energie mitbringen. Überlegen Sie genau, ob es nötig ist, sich mit solchen Menschen weiterhin zu treffen. Wenn Sie den Kontakt – warum auch immer – weiterhin aufrechterhalten wollen, vereinbaren Sie künftig einen Treffpunkt außerhalb Ihrer Wohnung. Um sich erotisch, also lebendig zu fühlen, ist es unbedingt nötig, dass Sie Ihr eigenes Energiefeld vor dem Kontakt mit energetisch Schwächeren schützen. Haben Sie nach einem solchen Kontakt das Gefühl, Sie müssten sich duschen, so ist das ein deutlicher Wunsch Ihres Körpers, sein bisheriges Energieniveau durch eine Reinigung wiederherzustellen.

Raumenergie wieder ins Gleichgewicht bringen

Auch Ihre Wohnung sollten Sie nach einem unangenehmen Besuch reinigen: Räumen Sie alles weg, was damit in Verbindung gestanden hat. Gehen Sie durch alle Räume, die Ihr Besuch betreten hat, und klatschen Sie laut in die Hände. Sprechen Sie dabei aus, was Sie wiederherstellen wollen, beispielsweise: »Hier soll starke Energie sein.« Wenn Sie in bestimmten Ecken das Gefühl haben, dass dort eine besondere energetische Schwäche herrscht, klatschen Sie mehrmals in die Hände. So lange, bis Sie spüren, dass Sie die Energie dort wiederhergestellt haben. Wenn Sie das Ritual beendet haben, waschen Sie sich besonders sorgfältig Ihre Hände, am besten mit etwas Apfelessig, um die schlechte Energie, die noch daran haftet, loszuwerden. Sie können dieses Ritual auch mit einem Musikinstrument, einer Rassel, Trommel oder Glocke machen. Nehmen Sie ein Instrument, zu dem Sie eine besondere Verbindung haben. Wenn Sie selbst mit dem Klang des Instruments mitschwingen können, hat das die größte reinigende Wirkung.

Verschwenden Sie Ihre Energie nicht. Falls Sie das Gefühl haben, dass ein Gast oder eine unangenehme Begegnung Ihnen Kraft geraubt hat, tanken Sie ganz bewusst wieder auf.

Machen Sie Ihren Schlafplatz zur Liebesinsel

Gerade das Schlaf-zimmer ist ein Ort, den man nur für sich selbst – als Einzelperson oder als Paar – herrich-tet. Gönnen Sie sich für Ihre schönsten Stunden eine eben-solche Umgebung.

Obwohl das Schlafzimmer der privateste Raum des Hauses ist, den Gäste eigentlich nur betreten, wenn sie dazu aufgefordert werden, war ich immer wieder überrascht, wie lieblos dieser Bereich in vielen Wohnungen gestaltet ist. Viele Menschen scheinen gar nicht daran zu denken, dass sie während einer normalen Arbeitswoche in diesem Raum mehr Zeit verbringen als in jedem anderen Zimmer ihrer Wohnung. Selten lässt man das Wohnzimmer, den Bereich, in dem man Gäste empfängt, unaufgeräumt. Es ist uns sehr wichtig, was andere von uns denken, wir wollen »Eindruck machen«. Das Schlafzimmer, der privateste Teil unseres Hauses, den in der Regel kein Fremder betritt, zeigt aber, was wir selbst von uns halten, wie wichtig wir uns nehmen.

Wenn das Schlafzimmer der Bereich Ihres Hauses war, der bei der Gestaltung zuletzt an die Reihe kam, könnte es gut sein, dass auch Sie dazu neigen, sich hintenan zu stellen. Was wir uns im Schlafzimmer gönnen, leisten wir uns selbst. Wie es dort aussieht, zeigt mir stets, wie wichtig sich die Bewohner selbst nehmen, welchen Respekt sie sich entgegenbringen. Es gibt Wohnzimmer, in denen man gar nicht weiß, wohin man zuerst schauen soll: Glasschränke, Bücherregale aus Chrom, oft kombiniert mit einer üppigen Sitzlandschaft und einem einladenden Essbereich. Betritt man dann das Schlafzimmer, so meint man, in einer ganz anderen Wohnung zu sein: Dort steht noch das Bügelbrett, Kleidung liegt herum, die Bettwäsche sieht aus, als sei sie vor Jahrzehnten gekauft worden, ein riesiger Kleiderschrank scheint das Bett beinahe zu erschlagen.

Ob schlicht, elegant, pompös oder romantisch: In Ihrem Schlafzimmer sollten zuallererst Sie und Ihr Partner sich wohl fühlen.

Keine erfüllte Liebe ohne gesunden Schlaf

Nur, wenn wir uns gesund und ausgeruht fühlen, kann auch unsere Erotik zufriedenstellend sein. Wenn Sie also sich selbst etwas Gutes tun wollen, so leisten Sie sich und Ihrem Partner ein wirklich gutes Bett und Bettwäsche aus gesunden, natürlichen Materialien. Selbstverständlich gilt dies auch für die Kleidung, die Sie nachts tragen: Sie sollte bequem, gesund und auch schön anzusehen sein.

Um die Erotik zu fördern, sollten Paare außerdem möglichst auf einer durchgehenden Matratze schlafen: die Ritze, die leider in den meisten Doppelbetten zu finden ist, trennt das Paar und wirkt sich ungünstig auf die Beziehung aus. Ein stabiler Lattenrost mit einer hochwertigen Matratze oder ein Futon sorgen außerdem für eine optimale Luftzirkulation.

Unbeschwert schlafen, lieben, Kraft tanken

Ihr Schlafzimmer ist ein wichtiges Energiefeld. Sie verbringen dort einen großen Teil Ihres Lebens und nutzen diesen Raum zur Entspannung und für die Liebe. Kontrollieren Sie deshalb, welchen Energien Sie sich dort aussetzen. Der Energiefluss in Ihrem Schlafzimmer ist durch Decke, Boden, Wände und Möbel begrenzt. Die Energie sollte hier möglichst frei fließen können. Achten Sie deshalb darauf, dass gerade in diesem hochenergetischen Raum außer

Im Schlaf sind wir viele Stunden den im Raum herrschenden Energien ausgesetzt. Daher sollte gerade im Schlafzimmer besonders darauf geachtet werden, dass hier eine gute Atmosphäre herrscht.

den nötigen Gegenständen keine Dinge sind, die den Fluss der Energie stören könnten. Dazu zählen vor allem Deckenbalken. Wenn es irgendwie machbar ist, sollte Ihr Schlafraum keine schrägen Decken und Wände haben. Vermeiden Sie unbedingt, dass ein Deckenbalken längs über dem Bett verläuft. Dieser kann sich bei einem Paar äußerst störend auf die Kommunikation auswirken. Ein Balken der quer zum Bett über die Decke führt, könnte eine Schwächung des darunter liegenden Körperteils hervorrufen. In manchen Schlafzimmern gibt es sogar eine ganze Reihe von Balken, an der Decke. Hier entsteht ein nach unten gerichteter Druck, der nachts zu Kopfschmerzen und Schlafstörungen führen kann. Deckenbalken im Schlafzimmer sind auch schlecht für die Liebe: Sie wirken wie Hammerschläge auf die Beziehung und fördern das Gefühl, vom anderen erdrückt zu werden.

Machen Sie Ihren intimsten Raum nicht zur Abstellkammer: Das Schlafzimmer sollte mit besonders viel Liebe eingerichtet werden. Achten Sie auch darauf, dass Ihnen genug Raum zum Schlafen, Träumen und Erholen bleibt, und Sie nicht von Unerledigtem erdrückt werden.

Genug Raum lassen

Eine Zeit lang war es Mode, das Bett in eine Nische aus Regalen oder Schränken hineinzubauen. Diese Konstruktionen wirken wie eine Art »versteckter Balken«, das heißt, sie üben auf den oder die darunter liegenden Schläfer großen Druck aus. Wenn irgend möglich, befreien Sie sich und Ihr Bett aus diesem belasteten Bereich. Generell sollte sich über dem Bett nichts befinden: keine schrägen Wände, keine Deckenbalken oder Regale, keine schweren Bilder. Denken Sie daran: Gerade im Schlafbereich sollten Energien frei fließen. Auch eine Beziehung und die damit verbundene Erotik brauchen den freien Energiefluss.

Störende Energien ausschalten

Vorsicht deshalb auch mit Spiegeln im Schlafzimmer! Diese verstärken das Bild von allem, was sie reflektieren, und können deshalb auch sehr störend sein. Sie können versuchsweise einmal nachts einen Spiegel so vor Ihrem Bett aufstellen, dass Sie sich darin sehen können. Sicher werden Sie in dieser Nacht häufiger aufwachen: Der Spiegel raubt Ihnen Energie.
Brechen Sie das Experiment deshalb nach dieser Erfahrung schnell ab. Stellen Sie sich die Energie eines Spiegels so vor, als leuchteten Sie mit einer elektrischen Taschenlampe oder einem Blitzgerät

nachts auf einen Spiegel: Das zurückfallende Licht blendet weitaus mehr als der Lichtstrahl der Lampe. Daher haben Spiegel rund ums Bett nichts zu suchen. Sie stören den ruhigen Fluss der Energien, der für einen gesunden Schlaf nötig ist. Wenn Sie bereits einen verspiegelten Schrank im Schlafzimmer haben – der ja meist direkt vor dem Bett platziert ist –, sollten Sie ihn nachts mit einem Tuch verhüllen. Andernfalls brauchen Sie sich über unruhigen Schlaf nicht zu wundern. Genauso sollte sich auch kein Spiegel direkt gegenüber der Schlafzimmertür befinden, da er die Energie zur Tür reflektiert. Die dadurch entstehenden Störungen verhindern den erholungsfördernden sanften Fluss der Energie. Beachten Sie, dass Spiegel, die gegenüber Fenstern angebracht sind, die hereinströmenden Energien reflektieren. Ebenso verhält es sich bei Spiegeln, die gegenüber einer Tür angebracht werden. Sie erzeugen einen Störungsbereich, der vermieden werden sollte.

Idealerweise können Spiegel an der Innenseite eines Schrankes im Schlafzimmer angebracht werden: Dort stören sie nicht die Erholung, da sie ja nur zu sehen sind, wenn man sie braucht. Grundsätzlich sind außerdem runde oder ovale Spiegelformen besser geeignet als spitze, aggressive. Achten Sie im Schlafbereich auch auf offen daliegende Handspiegel. Da sie ebenfalls Energieverteiler sind, sollten sie stets mit der Spiegelfläche nach unten liegen.

Spiegel können die Energien in Räumen stark beeinflussen. Ihr Schlafplatz sollte nicht im Bereich eines Spiegels sein.

Pflanzen sehr sorgfältig auswählen

Wir haben bereits darüber gesprochen, dass der Fluss der Energie im Schlafzimmer durch möglichst wenig Dinge gestört werden soll. Deshalb sollten Sie in diesem Raum auch Pflanzen gezielt einsetzen (siehe Kasten Seite 94).

Eine große Pflanze ist zur Energieauffrischung im Schlafzimmer besser geeignet als mehrere kleinere. Der Raum wirkt dadurch auch nicht so voll gestellt. Wenn Sie krank sind, sollten Sie unbedingt zum Schlafen sämtliche Pflanzen und Blumen aus dem Zimmer entfernen. Ein geschwächter Körper sollte sich nicht zusätzlich potenziellen Allergenen wie z. B. Pollen oder anderen Keimen aussetzen.

Pflanzen für Ihr Liebeszimmer

Eine geeignete Schlafzimmerpflanze ist die berühmte ›Rose von Jericho‹, die nach alter Legende von Maria auf ihrer Flucht nach Nazareth in der Wüste gesegnet wurde, und deshalb immer wieder erblüht und nie stirbt. Selbst Jahrzehnte ohne Wasser kann sie überleben. Als so gesegnete Pflanze sorgt sie für einen erholsamen und gesunden Schlaf.

Farben machen Stimmung

Altbewährtes Wissen gewinnt auch beim Einrichten wieder mehr und mehr an Bedeutung. Zum Beispiel Feng Shui: Die chinesische Lehre beschäftigt sich mit den Energien im Raum und schlägt dazu optimale Einrichtungsmöglichkeiten vor.

Ein wichtiges Stilmittel im Schlafzimmer sind Farben. Grundsätzlich können Sie jede Farbe verwenden, die Ihnen gefällt. Rot ist zwar die Farbe der Liebe und regt die Erotik an. Sie sollten jedoch bedenken, dass Sie in diesem Raum auch ausruhen und entspannen möchten. Dafür ist ein ganz in Rot gehaltener Raum nun gar nicht geeignet. Gehen Sie auch mit dunklen Farben wie Blau und Schwarz sehr sparsam um. Hoch energetische wilde Muster in grellen Farben – auf Bettwäsche oder Tapeten – passen ebenfalls nicht in einen Schlafraum, der Harmonie vermitteln soll.

Halten Sie sich bei der Gestaltung Ihres Schlafraums besser an Pastellfarben: Ein Raum in Lavendel, Creme oder Pfirsich ist anregend und entspannend zugleich. Hellblau und Lindgrün wirken beruhigend auf Körper und Seele. Mit roten Farbtupfern wie beispielsweise einer Vase, einem Band, roten Kissen oder einem in Rot gehaltenen Bild können Sie belebende Elemente setzen.

Apropos Bilder: Das Schlafzimmer ist in erster Linie ein Raum für Intimität und Zweisamkeit. Fotos der Kinder, die sonst in der ganzen Wohnung ihren Platz haben dürfen, gehören deshalb nicht hierher. In diesem Zimmer sollten Sie ganz bewusst Ihre Elternrolle zurückstellen und sich vor allem auf sich selbst und Ihren Partner konzentrieren.

Schlafen – das rechte Maß ist entscheidend

Sicher haben Sie schon herausgefunden, wie viel Schlaf Sie täglich brauchen. Die nötige Schlafmenge ist individuell sehr unterschiedlich. Entscheidend ist, wie Sie sich fühlen. Falls Sie ein Langschläfer sind und meinen, neun bis zehn Stunden Schlaf wären das Mindeste für Sie, sollten Sie allerdings wissen, dass zu viel Schlaf sogar Depressionen fördern kann. Wenn Sie daher häufig – trotz ausreichendem Schlaf – grundlos »schlecht drauf« sind, könnte es daran liegen, dass Sie zu viel des Guten tun. Versuchen Sie in diesem Fall, Ihren Schlaf zu reduzieren, und treiben Sie – falls Sie es bisher nicht getan haben – auch in Maßen Sport.

Geheimnisvolle Kerzenmagie

Natur, Mond, Wohnung – alles kann als Liebeszauber eingesetzt werden, vor allem aber verschiedene magische Hilfsmittel, auf die ich in meinen Büchern immer wieder hinweise. Ein Beispiel dafür sind die Kerzen. Diese spielen seit Urzeiten in der Magie eine große Rolle. Sie verhelfen zu besserer Konzentration und verkörpern die gebündelte Gedankenkraft. Dass Kerzen Energieträger sind, können Sie schon daran erkennen, dass sie zu beinahe allen Ritualen und Festen im Jahreslauf gehören: Zu einem Geburtstag werden traditionell Kerzen entzündet, jede feierliche Tafel ist auch mit Kerzen geschmückt, und die Weihnachtszeit wäre ohne Kerzenlicht im europäischen Raum unvorstellbar. In jeder Religion spielen Kerzen eine wichtige Rolle, denn Kerzen verstärken Energie – auch die, die in einer Gemeinschaft zwischen den einzelnen Menschen besteht.

Sie können Ihre magischen Rituale durch verschiedene Hilfsmittel verstärken. Am wichtigsten dabei ist jedoch Ihre innere Einstellung und die Konzentration auf das, was Sie gerade tun.

Welche Kerzen sind zum Zaubern geeignet?

Üblicherweise verwendet man für Rituale so genannte Ritualkerzen. Diese bekommen Sie in Esoterik- oder speziellen Hexenläden sowie im Versandhandel (erhältlich auch bei Thea, Adresse siehe Seite 156). Natürlich können Sie auch reine Bienenwachskerzen verwenden. Denken Sie daran: Die Wirkung Ihrer magischen Rituale hängt nicht vom Preis der Kerzen ab, sondern ganz allein von Ihrer klaren, energetischen Gedankenkraft. Dass man Kerzen generell nicht unbeaufsichtigt brennen lässt, sollte selbstverständlich sein.

In Hexenläden, aber auch in vielen anderen Geschäften bekommen Sie Kerzen in den unterschiedlichsten Farben.

Kerzenfarben

Gut, wenn Sie immer weiße Kerzen im Haus haben. Mit diesen können Sie nicht nur jedes Liebesritual verstärken, sondern auch im Alltag schnell Stimmung und einen Hauch Festlichkeit zaubern.

Wenn Sie in einem der folgenden Rituale Kerzen abbrennen lassen, dann verbreiten Sie Ihre zuvor produzierte Energie. Mit einer farblich speziell auf das Ritual abgestimmten Kerze und einem entsprechenden Ritualöl zum »Salben« der Kerze können Sie die Wirkung Ihres Zaubers noch verstärken. Wählen Sie dazu stets eine Farbe, die zu der bevorstehenden Aufgabe passt. Sie dürfen dabei zwar intuitiv vorgehen, doch sollten Sie darauf achten, dass sich helle und dunkle Energien nicht überschneiden. Deshalb sollten Sie sich gut überlegen, ob Sie für einen Liebeszauber eine schwarze Kerze verwenden, denn dann ist der ganze Vorgang von dieser Farbe beherrscht. Mit der Wahl der Farbe bestimmen Sie wesentlich die Richtung Ihres Zaubers. Mittlerweile gibt es Kerzen in allen von mir erwähnten Farben. Wenn Sie jedoch einmal nicht die Möglichkeit haben, mit einer farblich auf Ihr Ritual abgestimmten Kerze zu arbeiten, dann nehmen Sie möglichst weiße Kerzen. Diese können grundsätzlich für alle magischen Zwecke verwendet werden. Die optimale Wirkung erzielen Sie aber immer mit einer bestimmten Farbe – und der entsprechenden Ritualkerze. Nachfolgend finden Sie eine Übersicht über meine Erfahrungen mit farbigen Kerzen. Nichts in der Magie ist zwingend – außer dass sie nicht für üble Zwecke eingesetzt werden darf. Sie können deshalb diese Liste beliebig ergänzen und erweitern, entsprechend Ihren eigenen Erfahrungen:

Der Mann in Rot

Farben haben oft auch bei Visionen und Träumen eine starke Bedeutung. Eine meiner Freundinnen träumte z. B. wiederholt von einem Fremden, der sie im Traum mit Zärtlichkeit überschüttete. Vor allem konnte sie sich an die Gefühle erinnern, die sie stets bei diesen Träumen empfand: »Wir gingen mit einer liebevollen Zärtlichkeit miteinander um, die ich im wahren Leben noch gar nicht kennen gelernt hatte«, erzählte sie mir. Der Mann im Traum trug stets einen roten Pullover. Ein halbes Jahr, nachdem sie zum ersten Mal vom »Mann in Rot« geträumt hatte, lernte sie auf einer Party jemanden kennen, zu dem sie sich sofort hingezogen fühlte. Sie verabredeten sich am darauffolgenden Wochenende zu einem Spaziergang. Er holte sie ab und trug: einen Pullover in genau dem Rotton, den sie im Traum gesehen hatte ...

◉ **Rot** ist die klassische Farbe für alle Arten von Liebeszauber. Rot symbolisiert auch das Blut, das durch unsere Adern fließt. Wenn Sie einen Abend erleben wollen, bei dem Ihr Blut so richtig in Wallung kommt, und Sie Sex und Leidenschaft verspüren möchten, dann sollten Sie sich, bevor sie ausgehen, mit einer roten Ritualkerze, Thea's Love Oil und Come-To-Me Oil darauf einstimmen.

◉ **Pink und Rosa** sind die richtigen Farben, wenn Sie wahre Freundschaft und Zuneigung schätzen, und Ihr Traumpartner besonders liebevoll sein soll. Diese Farbe kann in uns auch die nötige Selbstliebe erwecken, um uns anderen Menschen zuzuwenden. Dazu passt besonders gut Adam & Eve Oil.

◉ **Orange** sollte Ihre Ritualkerze sein, wenn Sie nach einem besonders attraktiven Partner suchen. Außerdem wählen Sie für die dazugehörigen Rituale Attraction Oil. Das alles sorgt für besondere Energie und Anziehung.

◉ **Grün** ist die passende Farbe, wenn Sie von einer Partnerschaft vor allem Sicherheit und Stabilität erwarten. In der Magie wird diese Farbe für alles verwendet, was mit Beruf, Fruchtbarkeit und Erfolg zu tun hat. Die Farbe Grün symbolisiert das Element Erde. Für Ihr Ritual verwenden Sie außerdem Marriage Oil.

◉ **Gelb** bietet sich für Rituale an, die mit (geistiger) Beweglichkeit zusammenhängen. Wenn Sie zum Beispiel für eine Prüfung lernen müssen, wäre eine Kerze in Gelb für bessere Konzentration hilf-

Bei den meisten Ritualen müssen Sie nicht zwingend eine bestimmte Farbe einsetzen. Geeignete Farbtöne können jedoch oft die Wirkung der Magie unterstützen.

Je nachdem, ob Sie vor allem Leidenschaft, Zärtlichkeit, Geborgenheit oder einen besonders attraktiven Partner suchen – mit der entsprechenden Farbe können Sie die Erfüllung Ihrer Wünsche nachhaltig unterstützen ...

reich. Gelbe Ritualkerzen würde ich Ihnen bei Liebesorakeln nicht empfehlen, da sie das bewegungsreiche Luftelement charakterisieren. Verwenden Sie daher die Farbe Gelb – am besten in Kombination mit dem Lucky Hand Oil – nur für Wünsche, die Sie ganz allein angehen.

◎ **Blau** hilft zu entspannen. Wenn Sie Durchschlafprobleme haben, können Sie vor dem Einschlafen eine blaue Ritualkerze anzünden. Stellen Sie die Kerze dabei am besten in eine Wasserschüssel, damit nichts passieren kann. Dann »visualisieren« Sie sich selbst in einen tiefen Schlummer: Stellen Sie sich einfach bildlich vor, wie Sie tief und fest durchschlafen. Auch vor der Anwendung von Liebesorakeln (siehe Seite 133 ff.) ist die Meditation bei einer blauen Kerze sinnvoll, da sie entspannend wirkt und dafür sorgt, dass Sie Ihren Alphazustand leichter erreichen. Dieser ist wiederum Voraussetzung für das magische Schauen. Blaue Ritualkerzen unterstützen ebenso wie gelbe sehr gut das Lernen. In Kombination mit dem Success Oil eignen sich blaue Ritualkerzen auch ausgezeichnet für Erfolgsrituale.

◎ **Weiße** Kerzen sind für alle Zwecke geeignet. In der Magie werden sie vor allem für Schutzrituale gewählt. Wir haben ja bereits erwähnt, dass Sie sich dadurch von den schlechten Energien anderer Menschen reinigen können, indem Sie visualisieren, dass weißes Licht Ihren ganzen Körper durchströmt. Bei diesem Ritual sind eine weiße Kerze und Angel Oil die ideale magische Begleitung.

◎ **Schwarze** Ritualkerzen werden entgegen der landläufigen Ansicht nicht nur für die schwarze Magie gewählt, von der man auf jeden Fall die Finger lassen sollte. In der weißen Magie werden sie zusammen mit dem Protection Oil zur Abwehr von negativen Energien und zur Auflösung von schwarzmagischen Verwünschungen verwendet. Mit Healing Oil können schwarze Kerzen helfen, Krankheiten abzuwenden. Für Liebesmagie setze ich jedoch generell keine schwarzen Ritualkerzen ein.

Wählen Sie die Farbe Ihrer Kerze für die Liebesrituale ruhig nach Lust und Laune aus. Bei einigen Ritualen ist zwar die Farbe der Ritualkerzen angegeben, doch daran müssen Sie sich nicht sklavisch halten. Lassen Sie sich bei der Auswahl einfach von Ihrem Gefühl leiten. Sie können dabei nichts falsch machen. Denken Sie stets daran: Beim Zaubern ist Ihr Instinkt der beste Ratgeber. Vertrauen Sie darauf!

Eine Farbe atmen

Bevor Sie mit einem Ritual beginnen, entzünden Sie die Kerze, die Sie gewählt haben. Konzentrieren Sie sich ein paar Minuten auf ihre Farbe, und atmen Sie dreimal langsam ein und aus. Stellen Sie sich dabei vor, dass Sie die Farbe der Kerze einatmen. Jetzt visualisieren Sie den Ablauf des Rituals, das Sie gleich durchführen werden, und zwar Schritt für Schritt. Versuchen Sie dabei, im Hintergrund stets die Farbe der Kerze zu sehen, die Sie ausgesucht haben. So verstärken Sie Ihre hochwirksamen Gedankenkräfte, die den eigentlichen Zauber auslösen. Wenn Sie das Farbatmen zum regelmäßigen Bestandteil Ihrer Vorbereitung machen, werden Sie feststellen, dass es die Wirkung Ihres Zaubers erhöht.

Bedenken Sie bitte, dass die Kerzenrituale in diesem Buch nur eine kleine Auswahl darstellen, innerhalb der Sie ganz nach Ihrem Belieben ausprobieren können, was Ihnen entspricht. Wenn Sie jedoch unsicher sind, holen Sie sich besser Rat und Hilfe bei einer erfahrenen, initiierten und guten Hexe, denn durch Unwissenheit ist oft schnell ein fataler Fehler gemacht, der manchmal nur sehr schwer wieder gutzumachen ist.

Atmen Sie die Wirkung der Kerze. Unterstützen Sie Ihre Gedanken durch das, was die Farbe symbolisiert. Spüren Sie, welche Gefühle diese Farbe in Ihnen auslöst.

Nehmen Sie die Energie der Kerze, ihre Farbe, ihr Licht ganz bewusst wahr.

Frühling – die Saison für Liebe und Sex

Jedes Jahr aufs Neue erwacht im Frühjahr die Natur – und die Lebenslust. Schon das bekannte Lied der Comedian Harmonists vom wachsenden Spargel deutet auf Fruchtbarkeit und Potenz hin – genauso wie die Ostereier und die stöhnend hochgestemmten Maibäume: Die Erotik hat jetzt Hochsaison: in Flora und Fauna genauso wie beim Menschen.

Dass wir in dieser Zeit sinnlicher und der Erotik zugänglicher sind als sonst, hat mehrere Gründe. Einmal trägt die Sonne dazu bei, indem sie nun nach der langen Winterpause mit mehr Licht und Kraft unsere Stimmung aufhellt und die Libido steigert. Das wussten Heilkundige übrigens schon vor tausenden von Jahren. Bereits die alten Ägypter verordneten »Lichtbäder« gegen Lustmangel: Lustlose Ägypter mussten sich stundenlang auf spezielle Sonnenterrassen setzen. Und im alten Wicca-Kult wurde der Wald mit zahlreichen Sonnengebeten erobert.

Berauschendes frei Haus

Die Wissenschaft liefert für die belebende Wirkung des Sonnenlichts die Erklärung: UV-Strahlen regen den Hormonhaushalt an. Von der Hirnanhangdrüse werden Beta-Endorphine, das sind körpereigene Glücksdrogen, in die Blutbahn geschickt. Und diese Drogen verschaffen uns dann ein Hochgefühl. Je mehr Sonnenlicht wir tanken, desto intensiver wird dieses Gefühl – und desto energiegeladener und euphorischer fühlen wir uns.

Warum ist aber dann nicht der Sommer die Zeit der Lust? Ganz einfach: Der Körper war den ganzen Winter über auf Kälte programmiert. Jetzt, im Frühjahr, spüren Milliarden von Poren und Sensoren die neue sanfte Wärme und melden sie ans Zwischenhirn weiter. Gleichzeitig treffen vom Sehnerv die Meldungen ein: »Licht! Blüten!« Und dann bricht im gesamten Körper eben jene Aktivität aus, die uns die Schmetterlinge im Bauch tanzen lassen.

Sonne, erstes Grün, blühende Bäume – der Frühling legt es darauf an, uns in jeder Hinsicht aus unserem winterlichen Schneckenhaus zu locken.

Eine Extradosis Liebeslust

Lieben Sie Ihren Partner jetzt ruhig auch mal im Freien oder zu Hause bei offenem Fenster, und lassen Sie dabei die Sonne auf Ihre nackten Körper scheinen. Stellen Sie in Ihrer Wohnung viele Blumen auf, damit Sie den Duft des Frühlings riechen können.

Jetzt ist auch die beste Zeit für etwas »verrückte« Experimente: Warum nur Liebe im Bett machen? Wie wär's im Auto, auf dem Balkon, spontan bei einem Ausflug ins Grüne – wo und wann immer Ihnen danach ist.

Nicht nur high, sondern auch müde

Überfordern Sie sich nicht gleich bei den ersten Sonnenstrahlen mit Sport, Freizeitspaß und Arbeit im Freien – auch wenn die Sonne lockt. Hören Sie auf Ihren Körper, und gönnen Sie ihm auch Ruhepausen, wenn Sie sich müde fühlen.

Der Frühling ist freilich nicht nur die Zeit der Hormone und der Triebe, sondern auch die Phase sprichwörtlicher Frühjahrsmüdigkeit. Die Statistik belegt diese Tatsache. Nach einer Umfrage haben rund 40 Prozent der Frauen in Deutschland in den Monaten März und April ein gesteigertes Schlafbedürfnis. Bei den Männern sind es nur 22 Prozent. Am muntersten ist man laut Statistik in Bayern und Brandenburg – und am verschlafensten in Schleswig-Holstein, Mecklenburg und Thüringen.

Viele Menschen reagieren auf die Umstellung von Wintergrau auf Frühlingsfrische erst einmal mit erhöhtem Schlafbedürfnis.

Im Frühjahr kommt es vor allem bei Frauen zu extremen Stimmungsschwankungen zwischen völliger Euphorie und tiefem Kummer. Dieses seelische Auf und Ab ist so gefährlich, weil die Stimmung rundum sehr aufgeputscht ist. Es ist kein Zufall, dass sich im Frühjahr mehr Menschen das Leben nehmen als sonst. Ärzte raten, dem Körper jetzt verstärkt das Spurenelement Molybdän zuzuführen. Geeignete Präparate, etwa Kapseln, bekommen Sie in der Apotheke. Auch in einigen Nahrungsmitteln ist dieses Spurenelement enthalten, z. B. in Buchweizen, Soja, Weizenkeimen, Knoblauch und Vollkornprodukten. Auch Milch, Käse und vor allem Bierhefe sind reich an Molybdän.

Flirten Sie mal wieder

Die Statistik belegt es: Ab dem 20. März haben Flirts Hochkonjunktur. In keiner anderen Jahreszeit verliebt man sich häufiger und leidenschaftlicher – allerdings oft auch ohne weiterreichende Folgen. Zu diesem Ergebnis kam der französische Soziologe Alain Ferré, der den Zusammenhang zwischen Beginn und Dauer der Partnerschaft untersuchte. Seine Erkenntnis: Liebeleien, die im Frühling beginnen, haben weniger Chancen, sich zu einer dauerhaften Beziehung zu entwickeln, als solche, die sich im Herbst anbahnen. Dass der Frühling die Zeit der schönen Illusionen ist, wusste übrigens auch schon Giacomo Casanova. Er singt in seinen Memoiren ein Loblied auf die blühende Jahreszeit, weil er da besonders schnell ans Ziel kam – und sich dann ebenso schnell wieder aus dem Staub machen konnte. »Im Mai nehmen die Frauen den Abschied nicht übel«, schreibt der Großmeister der Verführung.

Es muss ja nicht immer der Partner fürs ganze Leben sein: Auch nette Bekanntschaften oder einfach nur ein kleiner unverbindlicher Flirt können die Laune ganz gewaltig heben.

So meistern Sie den Frühling

Sie möchten den Frühling in vollen Zügen genießen? Das hilft gegen Frühjahrsmüdigkeit und Stimmungsschwankungen:

◎ Gehen Sie möglichst früh ins Bett.

◎ Gönnen Sie sich mindestens acht Stunden Schlaf.

◎ Auch Atemübungen bei offenem Fenster, viel Bewegung und Rosmarin zur Anregung des Kreislaufs helfen gegen die Müdigkeit.

Mit diesem Programm kommen Sie bestimmt gut durch die turbulente Jahreszeit.

Genießen Sie die unbeschwerte, heitere Stimmung, die ein sonniger Frühlingstag mit sich bringt.

So bringen Sie sich in Hochstimmung

Unverbindliche Flirts machen gute Laune und sind eine wunderbare Gelegenheit, das Kennenlernen zu trainieren.

Heftig, flüchtig und launisch sind sie meist, die typischen Frühlingsflirts. Aber wer jetzt nicht unbedingt den Partner fürs Leben sucht, der kann mit diesen kleinen elektrisierenden Energiespritzen sein Lebensgefühl steigern, sich in Hochstimmung versetzen und sich selbst neue Impulse geben.

Warum es also nicht bewusst auch ein bisschen aufs Flirten anlegen? Auch wenn Sie mit Ihrem Partner in einer glücklichen Beziehung leben: Probieren Sie ruhig einmal aus, wie gut es sich anfühlt, den netten jungen Mann im Auto neben sich anzulächeln. Oder die bewundernden Blicke beim Einkaufen zu erwidern. Genießen Sie die zufälligen Begegnungen und Kontakte! Tun Sie sich keinen Zwang an, sondern lassen Sie Ihre gute Stimmung die Oberhand gewinnen. Lassen Sie sich einfach von Ihrem Hochgefühl beflügeln.

Übrigens: Wenn Sie noch Single sind und jemanden treffen, der Ihnen gefällt, müssen Sie es nicht unbedingt seiner Initiative überlassen, dass Sie sich kennen lernen. Fragen Sie ihn einfach nach dem Weg, nach der Uhrzeit oder was Ihnen sonst gerade einfällt. Das Ansprechen muss nicht unbedingt ausgesprochen originell sein: Wenn Sie dem anderen sympathisch sind, ihn nett und nicht allzu plump ansprechen, ergibt sich das Weitere sicher ganz von selbst …

Das Liebesherz

Wenn Sie einen kleinen Garten besitzen, ist dies einer der schönsten Liebeszauber für den Frühling; notfalls können Sie ihn auch im Balkonkasten durchführen.

So wie das Heranwachsen einer Pflanze etwas Geduld erfordert, geschehen auch Veränderungen in der Liebe und im Leben überhaupt oft ganz allmählich.

Zutaten

rote Kerze
verschiedene Blumensamen von Pflanzen,
die gleichzeitig blühen und gleich hoch wachsen

Durchführung

Im Frühjahr säen Sie die Samen in Form eines Herzens aus, das Sie vorher in die Erde gezeichnet haben. Zünden Sie dann die Kerze an, und stellen Sie sich vor, was vielleicht in Ihrem Leben gerade passieren wird, wenn die kleinen Pflanzen zu blühen beginnen. Besonders wirksam ist der Zauber, wenn Sie einen persönlichen Gegenstand in die Mitte des Herzens legen, z. B. eine Haarlocke oder ein kleines Schmuckstück, das Sie gern tragen.

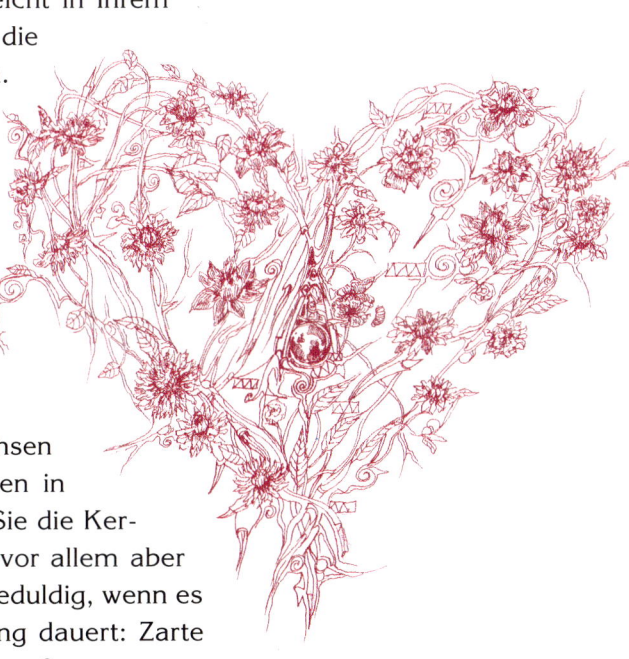

Wirkung des Rituals

So wie die Pflänzchen zu wachsen beginnen, werden neue Beziehungen in Ihrem Leben wachsen. Entzünden Sie die Kerze, wann immer Ihnen danach ist, vor allem aber bei Vollmond. Werden Sie nicht ungeduldig, wenn es einige Zeit mit Ihrer Traumbeziehung dauert: Zarte Pflänzchen wachsen nicht von heute auf morgen.

Mit sanfter Berührung verführen

Sie haben nun Ihre Wohnung in ein angenehmes »Liebesnest« verwandelt. Das gilt es natürlich auch einzuweihen und mit erotischer Energie zu versorgen. Dazu eignet sich am besten eine anregende Partnermassage. Erfahrene Frauen wissen: Durch nichts lässt sich ein Mann lieber verführen als durch sinnliche Berührungen. Verwenden Sie dazu am besten ein leichtes, angenehm duftendes Massageöl. Besonders gut eignen sich Mandelöl, Sojaöl und reine ätherische Öle.

Sich fallen lassen – und die Berührung genießen

Das Schwierigste bei der Partnermassage sind in der Regel nicht die Techniken. Dafür gibt es zahlreiche Bücher, die Sie oft gar nicht brauchen: Wenn Sie Ihrer Intuition folgen und sich ganz auf die Berührung Ihres Partners konzentrieren, massieren Sie Ihren Partner sicher genau richtig.

Viel schwieriger als die richtige Technik ist es, sich innerlich vollkommen auf die Berührung einzulassen. Der Partner, der massiert wird, sollte versuchen, sich wirklich fallen zu lassen, die Passivität zu akzeptieren und schließlich auch einfach nur zu genießen. Der Partner, der den anderen mit Streicheleinheiten verwöhnt, sollte sich ebenso dem Vergnügen hingeben, mit der Haut des Partners zu spielen, sie zu liebkosen. Denn das ist das A und O der richtigen erotischen Massage: Genuss dabei zu empfinden, den anderen zu berühren – und die Berührung mit allen Sinnen zu genießen.

Wenn Sie massiert werden, konzentrieren Sie sich nur auf die Empfindungen, die die sanfte Berührung bei Ihnen auslöst. Folgen Sie mit Ihrer ganzen Aufmerksamkeit den Händen Ihres Partners. Erspüren Sie, auf welche Art er Sie berührt, und wie seine Hände über Ihre Haut gleiten.

Jeder kann einen anderen Menschen massieren. Es kommt dabei vor allem darauf an, dass sich beide Partner auch innerlich auf die Berührung einlassen und sich einander vollständig zuwenden.

Musik für intime Stunden

Angenehme Musik fördert die Entspannung beim Liebesspiel oder bei der Massage. Und der Rhythmus der Musik überträgt sich auf den Körper. Hier einige Tipps für geeignete Liebesmusik. Hören Sie in einige der folgenden CDs hinein, oder setzen Sie Ihre ganz persönlichen Favoriten ein.

Für Vorspiel und Partnermassage:

Thea: Magic Love; Frank Sinatra: The best of ...; Miko: Songs of Love; Sting: Die portugiesische Platte; Simon & Garfunkel: Die Reifeprüfung; Twin Peaks: Der Soundtrack; Kitaro: Silk Road; sowie die Interpreten: Roberta Flack, Marvin Gaye, Enigma, Paolo Conte und Georges Moustaki.

Wenn's richtig zur Sache geht:

Santana: Moon Flower; Ondekoza: Drums; Temptations: All directions; Rare Earth: Ma; The The: Mind Bomb; Dire Straits: Money for nothing; Pink Floyd: Dark Side of the Moon.

So bereiten Sie die Massage vor

Stimmen Sie sich gemeinsam auf das entspannende Zusammensein ein, und organisieren Sie sich im Alltag bewusst immer wieder einmal ungestörte Zweisamkeit für solche Erlebnisse.

◎ Heizen Sie den Raum, in dem Sie massieren wollen, gut vor: Bei Temperaturen um 25 Grad fällt das Ausziehen leichter.
◎ Schützen Sie Bett oder Sofa mit einem großen Laken vor Ölspuren.
◎ Sorgen Sie für einen angenehmen Duft durch ätherische Öle (siehe Seite 114).
◎ Zünden Sie ein paar Kerzen an, und schalten Sie das Licht aus. Der Schein der Kerzen genügt vollkommen.
◎ Legen Sie sanfte Instrumentalmusik (beispielsweise Thea's neue CD: Magic Love) auf oder Titel, die Sie im Kasten oben finden.
◎ Nehmen Sie zuerst mit Ihrem Partner ein entspannendes Bad.

Massageöl – entspannend oder anregend

Jetzt haben Sie den richtigen Rahmen geschaffen. Es kann losgehen. Sie können Babyöl oder ein spezielles Massageöl benutzen – oder sich einen ganz eigenen Duft zusammenmixen. Zum Beispiel diesen: Mischen Sie ein paar Tropfen Jasmin, Ylang-Ylang oder

Rose mit 25 ml Basisöl (z. B. Baby-, Mandel- oder Sojaöl). Eine besonders anregende Mischung ist auch die folgende: Geben Sie in 25 ml Basisöl drei Tropfen Wacholderöl, einen Tropfen Pfefferminzöl, einen Tropfen Basilikumöl und einige Tropfen Thea's Love Oil.

Tipps für eine einfühlsame und anregende Massage

Auch wenn Sie Ihren Partner noch nie massiert haben, brauchen Sie keine Scheu vor dem ersten Mal zu haben. Mit den folgenden Tipps werden Sie bald so sicher sein, als hätten Sie schon jahrelang Erfahrung gesammelt.

◉ Setzen oder knien Sie sich so hin, dass Sie Ihren Rücken nach jeder Bewegung immer wieder problemlos aufrichten können, bequem sitzen und genug Bewegungsfreiheit haben. Wenn Sie selbst nicht locker bleiben, kann sich auch Ihr Partner unter Ihren Händen nicht entspannen.

◉ Beginnen Sie Ihre Massage am besten an Nacken und Schultern, denn hier ist die Muskulatur meist verspannt. Verteilen Sie mit kreisenden Bewegungen Öl über den Schulterbereich. Lassen Sie dabei – wie auch im weiteren Verlauf der Massage – stets eine Hand auf dem Körper Ihres Partners. Das beruhigt und signalisiert, dass die Massage weitergeht.

◉ Schalten Sie ab vom Alltag. Konzentrieren Sie sich ganz auf die gleichmäßigen Bewegungen Ihrer Hände. Dann spüren Sie ganz von selbst, wo Muskeln verhärtet oder verspannt sind, und wo Sie etwas mehr Druck ausüben sollten. Vertrauen Sie dem Gefühl Ihrer Hände. Sie werden sehen, es ist auch für Sie entspannend! Gerade der Wechsel von sanften und festeren Griffen wird Sie und Ihren Partner in eine entspannte, sinnliche Stimmung bringen, in der Sie die Zeit völlig vergessen werden. Wie im Liebesspiel können Sie sich einfach dem Auf und Ab Ihrer eigenen Energie und der Ihres Partners hingeben.

◉ Nach Nacken und Schultern sollten Sie sich den Bauch des Partners vornehmen. Seien Sie hier sanfter als an den Muskelpartien, denn im Bauch sitzen die Gefühle.

Die meisten Menschen berühren einen anderen instinktiv richtig, also nicht zu fest und nicht zu zaghaft. Folgen Sie Ihrem Gespür, und achten Sie darauf, wie Ihr Partner mit Gesten und Bewegungen auf die Massage reagiert.

◎ Massieren Sie dann den ganzen Körper. Vergessen Sie auch nicht die Ohren, Finger und vor allem die Zehen.

◎ Wenn Sie nur wenig Zeit haben, beschränken Sie sich auf eine Hand-, Fuß- oder Gesichtsmassage. An diesen Körperstellen befinden sich besonders viele Nervenenden.

◎ Und das Wichtigste: Auch wenn Ihr Partner unter Ihren sinnlichen Händen lustvoll stöhnt – brechen Sie die Massage nicht gleich wieder ab, nur weil der andere schon in Stimmung für »mehr« ist. Im Gegenteil: Spannen Sie ihn ruhig ein wenig auf die Folter. Das steigert die Vorfreude – und die Erregung. Bringen Sie ihn dazu, sich ganz Ihren Bewegungen hinzugeben.

Intensive Berührungen machen schnell Lust auf mehr. Und Sie werden sich bestimmt auch innerlich näher kommen, wenn Sie lernen, sich ganz dem anderen anzuvertrauen.

Sanfte Erregung

Sie haben Ihren Partner nun 20 bis 30 Minuten oder noch länger massiert. Als Nächstes konzentrieren Sie sich auf die Körperregionen, die – neben den Genitalien – besonders leicht erregbar sind: die Beckengegend, der Bauch, die Innenseite der Schenkel, der Po, die untere Rückenpartie und die Brust. Besonders empfänglich für liebevolle Streicheleinheiten sind außerdem Ohren, Lippen, Nacken, Handflächen, Armbeugen, Achselhöhlen sowie Kniekehlen, Zehen und Fußsohlen.

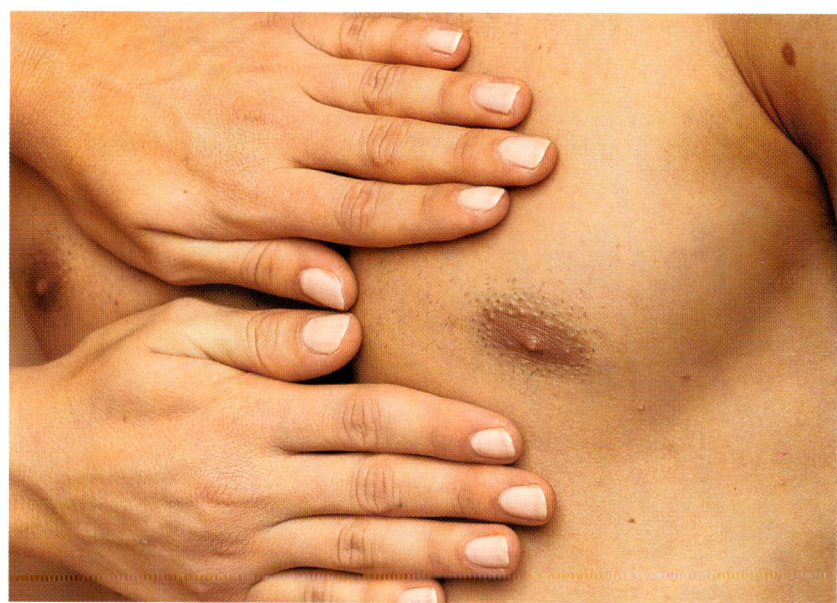

Spüren Sie ganz bewusst die Haut Ihres Partners unter Ihren Händen.

Auch die Zwischenräume der Zehen, das Steißbein, der Damm und die Brustwarzen sind Punkte, deren Berührung bei den meisten Menschen sofort wahre Lustschauer auslöst.

Massieren Sie diese erogenen Zonen des Körpers. Lassen Sie Ihre Massage dann in zartes Streichen übergehen, und beginnen Sie, die Genitalien sanft zu berühren. Vor allem dann, wenn Sie vorher eine Zeit lang sanft über den ganzen Körper gestrichen haben, überträgt sich die nun ausgelöste Erregung auf den ganzen Körper.

Jetzt ist es Zeit für den letzten Akt der Massage: Bewegen Sie Ihre Hände langsam und leicht über den ganzen Genitalbereich. Streichen Sie in kleinen Kreisen über die Haut, zeichnen Sie die Konturen aller Regionen nach – mal in Wellen, mal in Linien, in Kreisen, Spiralen. Langsam und dann wieder schnell. Lassen Sie sich einfach von der Musik oder von Ihrem Gefühl leiten. Vor allem das Wechselspiel zwischen kräftigem Streichen an der Innenseite der Oberschenkel und sanftem Berühren der Genitalien schafft starke Erregung.

Höhepunkt einer erotischen Massage – für sie und ihn

Mit der folgenden Massage verwöhnen Sie Ihren Partner ganz besonders intensiv: Legen Sie die Spitzen Ihrer beiden Zeigefinger auf den Damm – das ist die kleine Stelle zwischen After und Hodensack. Führen Sie dann die Zeigefinger entlang des Hodensacks bis zum Penisschaft. Von dort streichen Sie mit beiden Fingern an der Unterseite des Gliedes hinauf und schließlich über die Eichel. Dann streichen Sie mit den Fingern sanft entlang der Furche am Eichelkranz zur Oberseite des Gliedes, dann den Penisschaft entlang, um den Hodensack herum wieder zum Damm. Wiederholen Sie das Ganze ein paar Mal.

Für die Partnerin ist die folgende Massage ähnlich erregend: Legen Sie zwei Fingerspitzen nahe nebeneinander auf den Damm. Bewegen Sie dann die Finger mit leichtem Druck zu den kleinen Schamlippen hin. Trennen Sie sie jetzt behutsam: Ein Finger streicht nach rechts, der andere nach links. Mit verstärktem Druck streichen Sie nun zwischen den großen und den kleinen Schamlippen wieder hinunter zum Damm. Wiederholen Sie das Ganze ein paar Mal.

Die meisten Männer erregt es, wenn man sanft in ihre Brustwarzen kneift oder Po und After mit den Fingerspitzen streichelt.

111

Neuer Schwung für feste Beziehungen

Jetzt, wo Sie wissen, wie Sie ihn verführen und verzaubern, können Sie darangehen, Ihren Herzenspartner mit ein paar kleinen Zaubereien an sich zu binden. Das beginnt zunächst ganz harmlos mit ätherischen Ölen. Auf den folgenden Seiten gebe ich Ihnen aber noch einige weitere Tipps, die sicher ihre Wirkung nicht verfehlen.

Nasenschmeichler: Ätherische Öle

Die ätherischen Öle sind in den letzten Jahren recht populär geworden. Was sind ätherische Öle eigentlich? Sie werden in der Regel durch Wasserdampfdestillation aus aromatischen Pflanzen gewonnen. Im Duft des ätherischen Öls ist das Wesen einer Pflanze enthalten, sagten die mittelalterlichen Alchemisten, und beim Einströmen in die Nase werde das Leben der Pflanze als Heilkraft auf den Menschen übertragen. Daher nannten sie diese Öle auch »Essenzen«: Sie enthalten das Wesentliche der Pflanze. In den alchemistischen Zauberküchen wurde auch Jahreszeit, Mondlauf, Wetter, Bodenbeschaffenheit und die Umgebung der Pflanzen berücksichtigt. Tatsächlich ist der Ölgehalt der verschiedenen Pflanzen sehr unterschiedlich. Lippenblütler wie Pfefferminze, Lavendel, Melisse und Doldenblütler wie Anis, Fenchel und Engelwurz zum Beispiel sind reich an Ölen.

Vielfältige Einsatzmöglichkeiten

Ätherische Öle sind meist gut verträglich. Zwar können sie in Einzelfällen allergische Reaktionen auslösen, doch diese bleiben ohne Nachwirkung, wenn man den allergieauslösenden Stoff sofort absetzt. Ätherische Öle werden vor allem bei Massagen – wo das Öl mit einem neutralen Öl versetzt wird –, beim Baden, in Cremes, Lotionen und Kompressen angewendet. Sehr beliebt sind ätherische Öle auch in Duftlampen.

Der Duft natürlicher ätherischer Öle setzt sich oft aus mehreren hundert Komponenten zusammen. Deshalb sind synthetische Öle meist nur mehr oder weniger gelungene »Duftkopien«.

Duftlampen werden mittlerweile in allen großen Kaufhäusern schon für 20 Mark angeboten. Und so geht's: In die Schale am Kopf der Lampe normales Wasser geben, drei bis fünf Tropfen Öl hineinträufeln – wenn Sie mehr verwenden, wird der Geruch zu stark – und das Teelicht am Fuß der Lampe entzünden. Schon nach wenigen Minuten füllt sich der Raum mit dem wohlriechenden Aroma. Über Nase und Geruchssinn werden dann die Nervenkanäle des Menschen angeregt.

Passende Ölmischungen für verschiedene Rituale können Sie auch fertig kaufen.

Die wichtigsten Liebesöle

◎ **Adlerholzöl (Aquilaria agallocha):** Wird gewöhnlich mit Moschus vermischt angeboten. Man verwendet es, um Liebe anzuziehen.

◎ **Alpenbeifußöl (Artemisia vulgaris):** Wird in Parfümmischungen verwendet, und soll das sexuelle Verlangen wecken. Man sagt auch, es stelle die verlorene Sexualkraft wieder her.

◎ **Alpenrosenöl (Rhododendron ferrugineum):** Wird seiner anziehenden Eigenschaften wegen zur Unterstützung in romantischen und ehelichen Angelegenheiten verwendet.

◎ **Ambrosienkrautöl (Chenopodium ambrosioides):** Strahlt eine sehr sinnliche Schwingung aus und wird verwendet, um einen Liebhaber anzuziehen.

◎ **Balsambaumöl (Amyris balsamifera):** Wird in Venusriten als heiliges Salböl verwendet. Es wird auch als Hilfsmittel benutzt, um sich an vergangene Leben zu erinnern.

◎ **Bignonienöl (Bignonia suaveolens):** Ein sexuell bezaubernder, äußerst sinnlicher und exotischer Duft.

◎ **Birkenrindenöl (Betula lenta):** Wird gewöhnlich in Verbindung mit anderen Ölen verwendet, um Essenzen zu bilden, die mit Liebe und sexueller Anziehung einhergehen.

◎ **Cyclamenöl (N.O. Primulaceae):** Ein zarter Duft, von dem man sagt, er erhalte die Liebe wahrhaft und harmonisch.

◎ **Irisöl (Iris florentina):** Wird verwendet, um einen Menschen des anderen Geschlechts anzuziehen.

◎ **Kamelienöl (Camallia sasanqua):** Ein zarter Duft, der einen nicht mehr loslässt und seine Trägerin unvergesslich werden lässt.

◎ **Kardamomöl (Elettoria cardamomum):** Eine sehr anziehende Essenz mit aromatischem, kraftvollem Duft, die zur sexuellen Stimulanz benutzt wird.

◎ **Korianderöl (Coriandrum sativum):** Das Öl wirkt anziehend. Außerdem sagt man, es erhalte die Harmonie in einer bestehenden Liebesbeziehung.

◎ **Laudanumöl (Cistus creticus L.):** Ein leicht betäubender, sehr anziehender Duft.

◎ **Liebstöckelöl (Levisticum officinale):** Man sagt, es verstärke die persönliche Ausstrahlung, und es wird wegen seiner anziehenden Wirkung getragen.

◎ **Mandelöl, bitter (Amygdala amara):** Wird wegen seiner harmonischen und magnetischen Schwingungen für Liebes- und Freundschaftsangelegenheiten verwendet.

◎ **Rosenöl (Rosa centifolia/Rosa damascena):** Fördert Gedanken der Liebe und Zuneigung. Friedvolle und harmonische Schwingungen gehen von ihm aus. Man kann es auch als Salböl für Andachtsgegenstände verwenden. Es gibt verschiedene Arten von Rosenöl. Sie unterscheiden sich in Aroma und Intensität des Duftes.

◎ **Vanilleöl (Vanilla planifolia):** Es wirkt sehr besänftigend und harmonisierend. Der schwere, süße Duft wird zur Heilung und in bestimmten Liebesparfüms verwendet.

◎ **Weißdornöl (Crataegus oxyacantha):** Sehr besänftigend und beruhigend. Angeblich hilft dieser Duft, Missverständnisse zu klären. Es eignet sich ausgezeichnet für besonders sensible Menschen.

Die Herstellung der meisten ätherischen Öle ist sehr teuer. Bekannt dafür ist vor allem Rosenöl. Aus etwa 30 Blüten gewinnt man lediglich einen Tropfen Rosenöl.

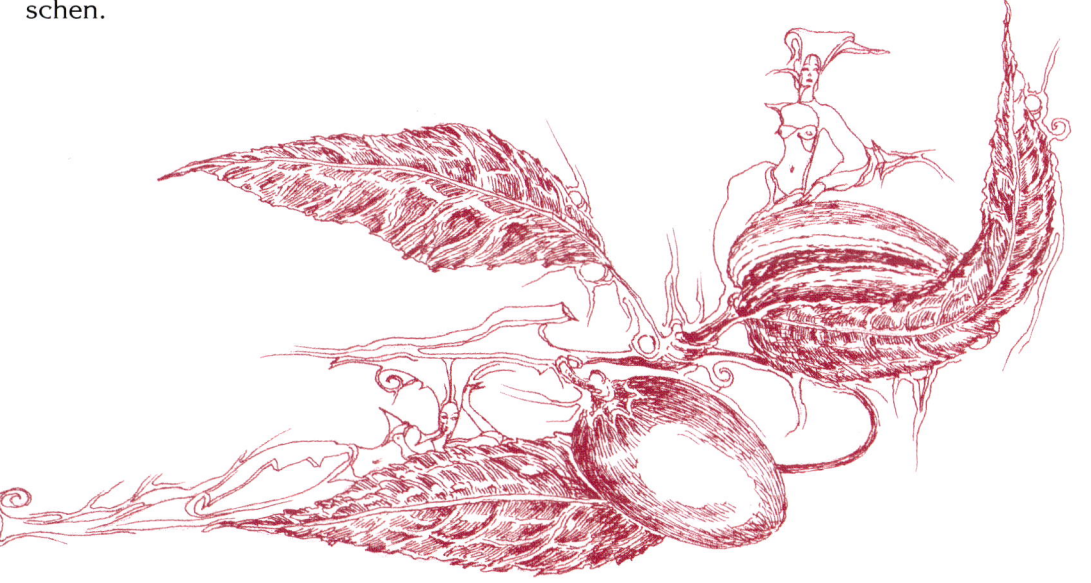

Naturkräuter für mehr Potenz

Seit dem phänomenalen Debüt von Viagra tauchen immer wieder neue, angeblich natürliche Potenzverstärker auf. Viagra verbessert nämlich nicht nur die männliche Sexualkraft, die kleine blaue Pille verursacht möglicherweise auch einige schwere Nebenwirkungen wie Sichttrübung, erhöhte Lichtempfindlichkeit, Magenirritationen oder Kopfschmerzen – ein recht hoher Preis für eine Erektion.

Welche Kräuter wirklich helfen

Lassen Sie sich beim Sex nicht unter Druck setzen: Es geht nicht darum, auf diesem Gebiet möglichst perfekt zu funktionieren und eine bestimmte Leistung zu bringen. Das körperliche Zusammensein sollte vielmehr ein schönes gemeinsames Erlebnis sein. Egal, ob man miteinander schläft oder nur kuschelt und Zärtlichkeiten austauscht.

Einige der natürlichen Potenzverstärker sind nichts als ein Werbegag, andere beinhalten tatsächlich geprüfte Inhaltsstoffe, die nachgewiesenermaßen die Libido verstärken und die Sexualfunktionen verbessern. Die folgenden vier Kräuter werden schon seit Jahrhunderten in verschiedenen Teilen der Welt als Potenzverstärker angewendet. Jedes dieser Kräuter wurde mehrfach wissenschaftlich untersucht. Und alle haben eine große Zahl befriedigter Anwender.

Maca

Diese Pflanze wurde schon als »natürliches Viagra« bezeichnet. Die radieschenähnliche Macawurzel (Lepidium meyenii) ist seit langem dafür bekannt, Kraft, Energie, Ausdauer, Libido und die sexuelle Funktionsfähigkeit zu verstärken – und das ist wahrhaftig eine bisher nie da gewesene Kombination.

In der Blütezeit der Inkaherrschaft konsumierten deren Krieger vermutlich vor ihren Kämpfen Maca, um noch stärker zu sein. Wenn sie eine Stadt erobert hatten, wurde aber einigen von ihnen die Einnahme von Maca verboten, um die Frauen des besiegten Volkes vor Vergewaltigungen zu schützen.

Wissenschaftler und Mediziner untersuchen jetzt die Phytochemie und biologische Aktivität der Pflanze. Bisher wird vermutet, dass die historische Auffassung über Maca der Wahrheit entsprechen könnte. Hunderttausende von zufriedenen Peruanern und immer mehr ausländische Anwender schwören auf die potenzverstärkende Kraft von Maca. In meinen eigenen Untersuchungen in Peru fand ich heraus, dass sowohl Frauen als auch Männer, egal ob jung oder alt, auf Maca als die Sexpflanze schlechthin schwören.

Horny Goat Weed (Scharfes Ziegenkraut)

Der Gebrauch des Scharfen Ziegenkrautes wurde zum ersten Mal 200 vor Christus in China erwähnt. Blätter und Stiele der Pflanze enthalten zahlreiche Wirkstoffe, unter anderem auch Flavonoid Icariin, eine aromatische Verbindung, der man die potenzverstärkenden Effekte der Pflanze zuschreibt.

Scharfes Ziegenkraut scheint die androgenetische Aktivität voranzutreiben, die Spermienproduktion anzukurbeln und den Testosteronspiegel zu erhöhen. Die nach Einnahme des Krautes verstärkt produzierten Androgene beeinflussen offensichtlich die sexuelle Lust von Frauen und Männern gleichermaßen. In der Traditionellen Chinesischen Medizin wird Scharfes Ziegenkraut beiden Geschlechtern verabreicht.

Bei Männern verbessert das Kraut vermutlich die Spermienproduktion, erhöht die Libido und hilft gegen Impotenz. Frauen wurde es vor allem gegen Müdigkeit und hormonelle Beschwerden verabreicht.

Wenn Sie die Wirkung dieser Pflanze kennenlernen, werden Sie bemerken, dass die Bezeichnung Scharfes Ziegenkraut mehr ist als ein provokativer Name.

Muira puama

Nur wenig offenbar gesundheitsfördernde Pflanzen sind bei den Eingeborenen des nördlichen Amazonas so bekannt wie die Rinde der Muira Puama (Ptychopetalum olacoides), die inzwischen in allen Regionen der Erde konsumiert wird. Sie wurde über Jahrhunderte im Amazonasgebiet sowohl von Eingeborenen als auch von Fremden eingenommen, um die Libido zu stärken und die sexuelle Kraft zu verbessern. Die Ernte und der Verkauf der Muira puama wurden in Brasilien nach und nach zu einem wichtigen Geschäftszweig.

Ein Kräuterfachmann aus dem Amazonas behauptet, »Muira puama verleiht dir wieder sexuelle Jugend«. Obwohl bisher noch keine wissenschaftliche Bestätigung über die Wirkung der Muira puama vorliegt, wurden ihre potenzverbessernden Eigenschaften doch schon in diversen Zeitschriften und auf Konferenzen diskutiert, und das Interesse wurde größer. Nach Berichten von vielen Anwendern, die ich in der Amazonasregion befragte, befriedigt Muira puama sowohl Männer als auch Frauen, wie versprochen. Oder, wie eine Frau eloquent meint: »Muira puama gibt dir Feuer beim Sex.« Na dann …

Yohimbe

Aus dem Herzen des afrikanischen Kontinents kommt ein Potenzverstärker, der so wirksam ist, dass er als die einzige aphrodisiakische Pflanze als Droge gilt. Die Rinde des großen immergrünen Baums Yohimbe (Pausinystalia yohimbe) ist reich an Yohimbine, einem starken Alkaloid.

Die Pflanze stimuliert das Zentralnervensystem und funktioniert bei Männern als sexueller Katalysator, indem die Durchblutung in den Adern des Penis verstärkt wird. Von den Männern, die an erektiler Dysfunktion leiden, haben diejenigen die besten Ergebnisse mit Yohimbe, die tatsächlich ein Blutkreislaufproblem am Penis haben. Aber auch Männer mit psychischer Impotenz können durch die Einnahme von Yohimbe-Rindenprodukten positiv behandelt werden.

Nicht jeder empfindet die Einnahme von Yohimbe als angenehm. Es kann auch Nervosität, Schlaflosigkeit, Übelkeit und Herzrasen hervorrufen. Es ist eigenartig, dass reines Yohimbe Hydrochlorid, welches eine Droge ist, nicht dieselben negativen Effekte hervorruft. Das ist wahrscheinlich einer der wenigen Fälle, in dem eine isolierte Verbindung besser wirkt als ein kontrollierter Kräuterextrakt. Den Menschen, denen Yohimbe gut bekommt, verleiht der Extrakt Energie, das Gefühl von zunehmender Kraft und eine erhöhte sexuelle Erregung.

Fällt es Ihnen schwer, Alltagssorgen zu vergessen und das Zusammensein mit Ihrem Partner zu genießen, erinnern Sie sich einfach immer wieder mal an erotische Phantasien, die Sie besonders erregt haben. Malen Sie sich diese Bilder aus. Das entspannt und steigert die Lust.

Sexuelle Phantasien – geheime Wegweiser

Sie müssen nicht unbedingt zu Anregung aus der Naturapotheke greifen, um Ihren Partner an sich zu binden: Wenn Sie die Phantasien Ihres Partners kennen lernen und Ihre eigenen akzeptieren, können Sie Ihr eigenes Drehbuch für heiße Liebesnächte schreiben. Und das wird Ihnen beiden viel Spaß machen.

Dazu möchte ich Ihnen ein paar Geschichten erzählen: Nicole ist eine 25-jährige Chefsekretärin. Sie sieht sexy aus mit ihren langen blonden Haaren und ihren ausgeprägten Kurven. Ihre geheime Phantasie: »Mein Chef ist Anfang 40, sieht aber jünger aus, weil er regelmäßig ins Fitnessstudio geht. Ich stelle mir vor, dass er mich bittet, länger zu bleiben. Die anderen Mitarbeiter sind alle schon nach Hause gegangen. Ich schreibe noch etwas am Computer. Auf einmal steht er hinter mir und greift mir in die Bluse. Er beginnt, meine Brüste zu massieren. Ich schließe die Augen und genieße es. Plötzlich zieht er mich hoch, drängt mich an den Schreibtisch und legt mich darauf. Nun zieht er voll Lust meinen Rock hoch und treibt es mit mir auf dem Schreibtisch.«

Barbara ist 45 und kümmert sich darum, dass beim Bau ihres Hauses alles klappt. »Die Installateure, die bei uns arbeiten, sind knackige junge Männer. Eines Nachts habe ich von ihnen geträumt«, gesteht sie. »Ich sah, wie mich alle vier umringten, sich plötzlich auszogen und begannen, mich zu streicheln, zu küssen und ebenfalls auszuziehen. Dann liebten mich diese schönen Männer, bis ich nicht mehr konnte. Als ich aufwachte, war ich schweißgebadet – und hatte ein schlechtes Gewissen meinem Mann gegenüber.«

Was Nicole und Barbara schildern, ist nichts Verwerfliches. Es ist ganz normal. Die meisten Menschen haben sexuelle Phantasien und Träume. Sigmund Freud, der Vater der Traumdeutung, behauptete, dass alle Träume und Phantasien unterbewusst bestehende Wünsche erfüllen sollen. Sie spiegeln die Sehnsüchte wider, die wir im wachen, voll bewussten Zustand unterdrücken, weil wir uns gewisse sexuelle Impulse selbst verbieten. Sie sind das Ventil, um diesen Druck abzubauen.

Setzen Sie ruhig die eine oder andere Phantasie mit Ihrem Partner um. Sie werden bewusster und unabhängiger, wenn Sie immer wieder einmal auf Ihre »innere wilde Frau« hören.

Erotische Träume können Ihr Liebesleben bereichern. Genießen Sie sie ohne schlechtes Gewissen.

So entstehen sexuelle Träume

Auch viele moderne Psychologen und Wissenschaftler haben sich unter Studienbedingungen mit dem Phänomen des erotischen Traums beschäftigt.

Die Psychologin Dr. Ann Faraday, die tausende von Träumen und Phantasien ihrer Patienten untersucht hat, kam zu einem ähnlichen Schluss wie Freud: »Unsere Träume sind kein Zufallsprodukt. Auch von sexuellen Handlungen träumen wir nicht zufällig. Tatsächlich handelt es sich beim Sex um ein Traumthema wie jedes andere. Jeder Traum hat eine buchstäbliche Bedeutung. Sexuelle Träume enthüllen tatsächliche sexuelle Gefühle gegenüber unseren Mitmenschen – zumindest zum Zeitpunkt des Träumens.«

Bestätigt wird diese These auch vom amerikanischen Traumforscher David Francis. Er beschäftigt sich seit über 25 Jahren mit diesem Thema und kommt zu dem Schluss: »Bei geträumtem Sex hat die Person einfach mehr sexuelle Reize aufgenommen, als sie ausleben kann.« Und da diese Reize von unserer unmittelbaren Umgebung ausgesendet werden, träumen wir nicht nur vom geheimnisvollen Unbekannten, sondern vor allem von Freunden, Verwandten und Bekannten.

Wir sehen es fast täglich im Fernsehen, lesen es in der Presse, hören darüber von Freundinnen und Kolleginnen: Wie toll der Sex mit dem oder dem war, und welche phantastischen neuen Stellungen man ausprobiert hat. Vergessen Sie diese Märchen. Finden Sie Ihren eigenen Weg zum Glück!

Geheime Sexwünsche

Sexuelle Phantasien haben …

◎ 27 Prozent aller Frauen ohne Wissen ihres Partners

◎ 31 Prozent aller Frauen täglich

◎ 18 Prozent aller Frauen immer mal wieder, z. B. bei der Arbeit

◎ bei über 60 Prozent der Frauen mit Zärtlichkeit zu tun.

Die Männer wünschen sich zu …

◎ 97 Prozent oralen Liebesdienst

◎ 90 Prozent Sex mit zwei Frauen gleichzeitig

◎ über 50 Prozent von einer Frau genommen zu werden, einen Quickie zu erleben oder einer Frau beim Masturbieren zuzusehen.

Quellen: Soziologisches Studienzentrum Hamburg, Gesellschaft für Wissenschaftliche Sexualforschung Connecticut, Hite Report

Sexuelles Ventil und Botschaft des Unbewussten

Nicht alle erotischen Träume und Phantasien konfrontieren uns mit direktem Sex oder mit Zärtlichkeiten. Da erscheinen auch phallische Symbole und andere Traumbilder, die eindeutig mit Sex zu tun haben. Oder doch nicht? Ist die Banane in einem Traum denn unbedingt immer ein Symbol für ein männliches Glied? Dr. Ann Faraday meint, das muss jeder für sich entscheiden. »Jeder Mensch hat seinen eigenen Traumwortschatz. Er trifft nur auf seine Person zu.« Das heißt also, dass nur wir selbst Schlüsse aus unseren Träumen ziehen können.

Wenn bestimmte Aussprüche, Farben oder andere Details eine Zeit lang immer wieder in Ihren Träumen auftauchen, sollten Sie überlegen, was Ihnen Ihr Unterbewusstsein damit sagen möchte.

So prägen Sie sich Ihre Träume ein

Um die Traumbotschaften deuten zu können, müssen wir uns unsere Träume merken. Und daran scheitern sehr viele. Hier fünf Tipps, wie Sie sich nach dem Aufwachen besser an Ihre Träume erinnern können:

◎ Sagen Sie zu sich selbst jeden Abend, bevor Sie schlafen gehen: »Ich werde mich nach dem Aufwachen an meine Träume erinnern.«

◎ Lassen Sie sich von einem Radiowecker mit sanfter Musik wecken, und nicht von einem Alarmsignal. Gönnen Sie sich noch fünf Minuten Ruhe, bevor Sie aufstehen.

◎ Legen Sie sich einen Notizblock oder ein Traumtagebuch und einen Stift – oder ein Diktiergerät – auf den Nachttisch.

◎ Notieren Sie sofort nach dem Aufwachen Namen oder Aussprüche, an die Sie sich erinnern. Diese helfen bei der Deutung.

◎ Wenn Sie alles notiert haben, schreiben Sie Ihre Gefühle und Assoziationen dazu auf.

◎ Geben Sie jedem Traum eine Überschrift, und notieren Sie das Datum.

◎ Schon nach wenigen Wochen werden Ihnen Ihre Träume viele Hinweise auf geheime Wünsche und vernachlässigte Gedanken geben.

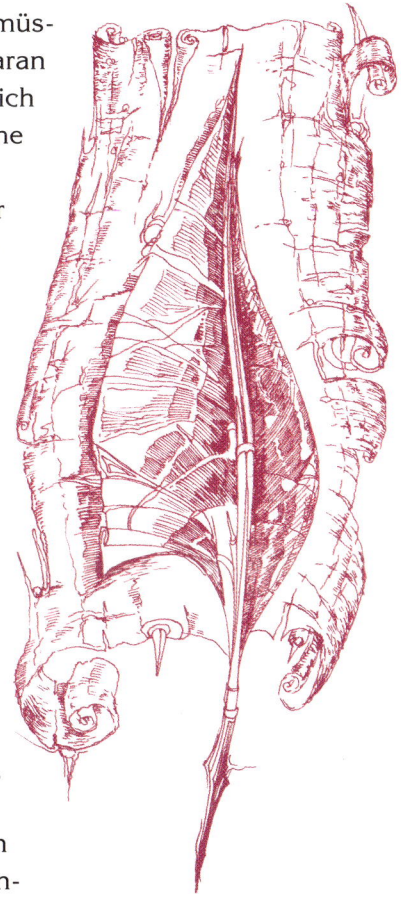

Führen Sie ein Traumtagebuch. Nach einiger Zeit werden Sie erstaunt sein, welche neuen Perspektiven Ihnen dieser Blick in Ihr Unterbewusstsein eröffnet.

Hartnäckige Traumerlebnisse

Sexuelle Phantasien können darauf hinweisen, dass Sie bestimmte Aspekte in Ihrer Sexualität vermissen.

Wenn ein Traum immer wiederkehrt, sollten Sie sich unbedingt mit ihm auseinander setzen und versuchen, ihn zu deuten. Die 33-jährige Isolde hatte einen solchen Traum. Sie sah verschiedene Nächte lang, wie sie ihr Mann Robert ans Bett fesselte und einfach mit Gewalt und voller Lust nahm. Isolde erlebte diesen Lustrausch nicht als Bedrohung, sie hatte sogar Spaß daran. Im Gespräch mit ihr stellte sich heraus, dass Robert im Ehealltag ein sanfter, sehr auf Isoldes Wohlbefinden bedachter Mann ist, und Isolde es sich heimlich wünscht, dass Robert sie einfach einmal packt, ohne sie lange zu fragen. Natürlich nicht, wenn sie sich müde und elend fühlt. Auch hier gehört auf Seiten des Mannes viel Fingerspitzengefühl und Einfühlungsvermögen hinzu.

Traumforscher David Francis kennt tausende solcher Fälle wie Isolde und Robert. »Unsere Träume ordnen unser Leben, wollen es wieder ins Gleichgewicht bringen. Menschen, die sexuelle Träume haben, sollten in ihrem Leben nach dem Grund forschen. Irgendwo ist momentan ein Ungleichgewicht oder eine Unruhe entstanden. Wenn eine Person sexuell erregt ist, das aber nicht auslebt, dann sorgt unser Unterbewusstsein dafür, dass sich diese Spannungen im Traum entladen.«

Sexuelle Träume und Phantasien entstehen also nicht aufgrund perverser Neigungen und abnormer Wünsche. Dr. Ann Faraday sagt: »Erotische Träume sind ein ganz normaler Bestandteil unseres

Lebens. Sie deuten keineswegs darauf hin, dass der Träumer eine Ausgeburt an Laszivität ist.« Wenn man sexuelle Träume hat, heißt das nämlich keineswegs, dass man die geträumten Begierden tatsächlich ausleben will. Die Träume sind ein Weg für den Körper, die Energie der Gedanken auszuleben. Akzeptieren Sie Ihre erotischen Träume und Phantasien als Beweis Ihrer sexuellen Aktivität – und spielen Sie das, was Ihnen daran gefällt, einfach mit Ihrem Partner nach.

Die geheimen Sexwünsche des Partners erfahren

Auch wenn Sie den eigenen sexuellen Wünschen und Defiziten mit Ihrer Traumdeutung auf die Schliche kommen, bleiben Ihnen die erotischen Wünsche Ihres Partners dennoch ein Geheimnis. Aber auch das können Sie lüften: Sprechen Sie einfach miteinander über Ihre Träume. Vor allem aber: Fragen Sie Ihren Partner in Momenten äußerster sexueller Erregung nach seinen Sexphantasien. Sagen und zeigen Sie ihm, dass es Sie erregt, wenn er darüber erzählt. Nehmen Sie es aber nie persönlich, denn seine Phantasien sind nicht gegen Sie gerichtet, sind nicht da, weil Sie ihm nicht genügen. Behandeln Sie seine Phantasien wie Ihre eigenen Träume: Erkennen Sie in ihnen, wo Ihr Partner noch unbefriedigt ist, und was er sich zur sexuellen Erfüllung wünscht. Und wenn Sie den Mut haben, spielen sie diese Phantasien als Rollenspiele nach. Lieben Sie sich doch einfach einmal im Auto auf einem Parkplatz, wenn ihn das antörnt. Vielleicht finden Sie ja selbst Gefallen daran. Vielleicht entdecken Sie auch, dass manches in der Vorstellung erotischer und erregender scheint, als es in Wirklichkeit dann ist.

Eine Variante, Ihrem Partner geheimste Wünsche zu zeigen: Lassen Sie ihn dabei zuschauen, wenn Sie sich selbst befriedigen. Vielleicht erregt das auch Sie selbst mehr, als Sie es sich vorstellen können.

Die richtigen Worte finden

Hören Sie auf den Frankfurter Psychologieprofessor Michael Lukas Moeller. Der meint, dass ein erotisches Zwiegespräch »das einzig echte Aphrodisiakum« ist. Oder probieren Sie es mal mit erotischem Telefongeflüster, wenn Ihr Partner gerade wieder auf Geschäftsreise ist.

Bettgeflüster: Zärtlich, leidenschaftlich, erregend ...

Natürlich ist es nicht leicht, dem Partner die geheimsten sexuellen Wünsche und Phantasien mitzuteilen. Genau darin sieht der Frankfurter Psychoanalytiker Professor Michael Lukas Moeller das Hauptproblem der heutigen Beziehungen: »Der Schriftsteller Robert Musil hat einmal gesagt: Die Liebe ist das gesprächigste Gefühl. Das haben viele Menschen heute vergessen. Die Sprachlosigkeit und die erotische Einöde hängen sehr eng miteinander zusammen.«

Moeller empfiehlt als Gegenmaßnahme gegen die Lustlosigkeit in den Schlafzimmern ein 90-minütiges erotisches Zwiegespräch pro Woche, einen Austausch erotischer Gedanken. Dabei sollten Sie sich gegenseitig erzählen, was Sie in sexueller und erotischer Hinsicht im Moment am stärksten bewegt. Dass das nicht so einfach ist, weiß auch der Psychologieprofessor: »Am Anfang gelingt es in der Regel nicht so gut. Man stottert herum, weiß nicht, wie es weitergehen soll. Oder man schämt sich, bestimmte Dinge auszusprechen. Aber mit dem Sprechen nehmen die Ängste ab.«

Zu der Aussprache gehört auch, dass man dem Partner gesteht, wenn es einem peinlich ist, über Sex zu sprechen. Über die Barrieren zu reden, baut sie schließlich ab. Das größte Plus dieser von beiden genau verabredeten wöchentlichen »Gesprächstherapie«: Missverständnisse werden beseitigt.

Gespräche über intime Wünsche und Vorstellungen entwickeln sich bei den meisten Paaren erst im Laufe der Zeit, denn es braucht viel Vertrauen und Nähe, um einander geheimste Phantasien mitzuteilen.

Einfühlungsvermögen und Vertrauen sind die Basis für eine erfüllte, schöne Sexualität.

124

Moeller: »Das größte Missverständnis beim Sex ist, dass ich mein erotisches Erleben, also das, was ich persönlich ganz toll oder ganz schrecklich finde, für normal und natürlich halte und es beim anderen als identisch voraussetze. Diese so genannte narzisstische Perspektive haben wir alle. Man sieht die Welt mit eigenen Augen und ist verführt anzunehmen, die Realität sei so, wie man sie sieht. In den Augen des anderen ist das unter Umständen vollkommen anders. Diese Übersetzungsarbeit ist sehr wichtig.«

Durch die Gespräche erfährt der andere, was man empfindet und wovon man träumt. Und das hat gleich in zweifacher Hinsicht einen positiven Effekt. Moeller: »Ich entdecke darin meine Chancen, und ich kann sie mit meinem Partner abstimmen. Das erotische Leben wird also reichhaltiger. Und gleichzeitig können ungelöste Konflikte, die in der Regel ja die Erotik bremsen, aufgearbeitet werden.«

> In einer guten Partnerschaft kann man einander viel mitteilen. Das heißt aber nicht, dass man den anderen auch über jedes Detail informieren muss, das ihn vielleicht nur verletzt, aber für einen selbst letztendlich ziemlich unwichtig ist.

Kleine Gesprächsschule über Sex

Schwierig wird der 90-minütige Sextalk bei Paaren, die sich gerade erst kennen gelernt haben. Denn diese haben die Vertrautheit noch nicht erreicht, die es einem erlaubt, Intimstes mitzuteilen. Der Münchner Sexualtherapeut Dr. Paul Kochenstein kennt dieses Problem »junger« Paare: »Gemeinsame Erfahrungen müssen ja erst gemacht werden. Umso größer ist die Gefahr, das falsche Wort im falschen Moment zu sagen.«

Und das Hauptproblem frisch Verliebter sind Missverständnisse und falsche Erwartungen: Tritt einer der Partner zu fordernd auf, entstehen beim anderen schnell Zweifel, ob er oder sie der Vorstellung von einem guten Liebespartner entspricht. Und dann ist es nicht mehr weit zu Verunsicherung, Enttäuschung und Sprachlosigkeit.

Um diesen Teufelskreis zu vermeiden, schlägt Kochenstein vor: »Äußern Sie Ihre Wünsche, Vorbehalte und Ängste so zeitig wie möglich – und in einer entspannten Stimmung, beispielsweise bei einem Glas Rotwein. So riskieren Sie keine Missverständnisse, die weh tun können, und geben dem Partner die Chance, sich auf Sie einzustellen.« Als weitere Strategien empfiehlt Kochenstein:

◎ Was immer der Partner zu Ihnen sagt: Versuchen Sie ihm mit Toleranz, Zärtlichkeit und Gelassenheit zu begegnen. Schließlich gehört eine Menge Mut dazu, sich vor dem anderen »bloßzustellen«, ihm seine geheimsten Gedanken anzuvertrauen. Interpretieren Sie die Aussagen nicht, und ziehen Sie keine voreiligen Schlüsse daraus. Vor allem: Bewerten und verurteilen Sie nicht! Denken Sie an den alten Spruch: Wer im Glashaus sitzt, sollte nicht mit Steinen werfen!

◎ Bauen Sie Vertrauen und Intimität auf, indem Sie Ihrem Liebsten zeigen, welche Berührungen Sie erregen, und worauf Sie gerade Lust haben. Sie werden feststellen, dass dadurch der Wunsch entsteht, sich immer freier und spielerischer erotisch zu entdecken.

◎ Wenn Sie das kontinuierlich tun, entwickeln Sie auch den Mut, Ihre Träume und Phantasien mitzuteilen.

Versuchen Sie unbedingt, sexuelle Wünsche nicht in Form einer Anklage oder im Streit anzubringen. Damit verletzen Sie den anderen unter Umständen tief – ohne dass es beiden etwas bringt.

Gemeinsam neue Spielarten der Liebe erforschen und Unbekanntes ausprobieren – das kann ein Paar auf lustvolle Art miteinander verbinden.

Noch mehr Tipps für viel Spaß am Sex

Bei Paaren, die länger zusammen sind, leidet mit der Zeit oft die Erotik. Mit den folgenden Anregungen beleben Sie Ihre sexuelle Beziehung wieder neu.

Schenken Sie Ihrem Partner Ihre ganze Aufmerksamkeit!

Beim Zusammensein mit Ihrem Liebsten vergessen Sie den Ärger an Ihrer Arbeitsstelle, den Streit mit Ihrer Freundin, die offenen Rechnungen und was Sie sonst noch daran hindert, ganz bei der Sache zu sein. Sicher wird auch Ihr Partner seinen Alltagsärger vergessen, wenn Sie ihm schenken, was er am meisten begehrt: Ihre totale Hingabe und Zuwendung.

Erfüllen Sie Ihrem Partner sexuelle Wünsche!

Fragen Sie ihn, was ihm am meisten Spaß macht, was ihn so richtig antörnt. Geben Sie ihm zu verstehen, dass Ihnen das auch Spaß macht, vorausgesetzt natürlich, das ist der Fall. Wenn nicht, finden sich sicher andere Möglichkeiten, bei spielerischem Sex Spaß miteinander zu haben. Erfüllen Sie sich ruhig gegenseitig immer wieder mal einen sexuellen Wunsch.

Zeigen Sie Ihrem Partner, dass Sie Spaß am Sex mit ihm haben!

Machen Sie Ihrem Partner immer wieder deutlich, wie sehr Sie ihn begehren – und dass Sex eigentlich nur mit ihm so richtig Spaß macht.

◎ Verwöhnen Sie Ihren Partner oder Ihre Partnerin oral!

Zahlreichen Umfragen zufolge lieben es sowohl Frauen als auch Männer, mit dem Mund verwöhnt zu werden. Hierfür gilt wie für alle Sexpraktiken: Auch wenn etwas noch ungewohnt ist – probieren Sie es ruhig erst einmal aus. Vielleicht gefällt es Ihnen ja viel besser, als Sie glauben!

◎ Schaffen Sie eine erotische Atmosphäre!

Erzeugen Sie eine anregende Atmosphäre zu Hause. Dazu gehört nicht nur, dass Sie in Ihrer Wohnung ein sinnliches Ambiente schaffen, sondern auch, dass Sie sich von niemandem stören lassen und ganz füreinander da sind.

Gleich vorweg: Ein gemeinsamer Orgasmus kann sehr schön sein – aber er muss nicht sein. Die meisten Paare ziehen es sogar vor, zu unterschiedlichen Zeitpunkten zu kommen, weil so einer die Lust des anderen intensiver miterleben kann.

Pflegen Sie sich, und verwöhnen Sie Ihren Körper dabei – die beste Einstimmung auf eine erotische Begegnung.

Neben einem sinnlichen Ambiente, einer erotischen Massage oder einem Liebesmenü bringt auch ein raffinierter Striptease die meisten Männer ziemlich in Stimmung.

◎ **Zeigen Sie sich!**

Ein heißer »Strip« kommt sicher gut an: Beschränken Sie sich jedoch nicht nur darauf. Lassen Sie ihn zusehen, wie Sie nach dem Duschen oder Baden Ihren Körper eincremen oder einölen oder wie Sie Ihren Schamhügel pflegen.

◎ **Schmücken Sie Ihren Körper!**

Tragen Sie Schmuck oder Reizwäsche. Schminken Sie sich und Ihren Körper. Zeigen Sie Ihrem Partner damit, dass Sie Ihren Körper lieben. Dann wird er das Gleiche tun.

◎ **Betonen Sie Ihren Körper!**

Es fällt Ihnen schwer, bestimmte Teile Ihres Körpers schön zu finden? Versuchen Sie es, indem Sie allgemeine Schönheitsnormen einfach ignorieren. Wenn Sie große, hängende Brüste haben, die Sie am Strand niemals nackt zeigen würden, dann umgeben Sie sie doch einmal mit einer Korsage – die bringt sie ganz anders zur Geltung. Oder haben Sie kleine Brüste? Dann fordern Sie Ihren Partner mal auf, sie mit Lippenstift zu bemalen!

◎ **Verschönern Sie Ihren Intimbereich!**

Beziehen Sie Ihre intimen Stellen in die Schönheitspflege mit ein. Schneiden Sie zum Beispiel die Schamhaare einmal ganz schmal oder rasieren Sie sie ganz ab. Das bringt Ihren Venushügel und Ihre Vagina besonders erotisch zur Geltung.

◎ Zeigen Sie, was Ihnen Spaß macht!

Zeigen Sie Ihrem Partner, wie es Ihre Brustwarzen erregt, wenn Sie sich streicheln. Zeigen Sie ihm Ihre Vagina, während Sie sich selbst berühren. Streicheln Sie sich auch an anderen sensiblen Körperstellen, an denen Sie Berührungen Ihres Partners besonders erregend finden.

◎ Mal laut, mal leise

Sorgen Sie für Abwechslung: lautes Stöhnen, dann wieder stilles Genießen. Gleiches gilt für die frivole Sprache im Bett. Wechseln Sie ruhig immer wieder zwischen Zärtlichkeit und Leidenschaft. Folgen Sie einfach Ihren momentanen Gefühlen und Empfindungen.

◎ Vergessen Sie das Küssen nicht!

Je länger und besser Paare sich kennen, desto weniger küssen sie sich. Durchbrechen Sie diese Gewohnheit: Küssen Sie wieder! Wild und tief wie zu Beginn Ihrer Beziehung oder mit leichten Lippen und leichter Zunge …

◎ Die drei magischen Punkte

Beide Brustwarzen und die Klitoris bilden ein magisches Dreieck der Lust. Wenn diese Punkte während des Liebespiels gleichzeitig stimuliert werden, erleben viele Frauen besonders intensive Lustgefühle.

◎ Erotisches Spielzeug ausprobieren

Auch wenn es banal klingt: Machen Sie doch einmal einen Ausflug in einen Sexshop, und sehen Sie sich gemeinsam mit Ihrem Partner die verschiedenen Lustgeräte an, die dort angeboten werden. Wenn Sie den Weg scheuen, gibt es auch Versandhäuser, die Ihnen einen Katalog mit allerlei erotischen Spielereien zuschicken. Vielleicht entdecken Sie dabei neue Varianten.

◎ Entdecken Sie Ihren Spieltrieb!

Wagen Sie ein erotisches Spiel mit Ihrem Partner! Warum lassen Sie sich nicht mal die Augen verbinden und genießen das köstliche Spiel des Ausgeliefertseins? Oder Sie spielen eine professionelle Liebesdienerin in einem Luxusbordell. Testen Sie mal, wie es sich anfühlt, seine Ergebene zu sein. Setzen Sie Ihrer Phantasie keine Grenzen!

◎ Leben Sie Ihre Phantasien aus!

Sexuelle Phantasien sind Wegweiser Ihrer geheimen Bedürfnisse und Wünsche. Stehen Sie zu ihnen. Setzen Sie Ihre geheimen

Das kennen Sie auch: Wenn Sie sich selbst befriedigen, kommen Sie viel leichter zum Höhepunkt als beim Sex mit Ihrem Partner. Machen Sie sich nichts daraus! Bringen Sie Ihre Solo-Sex-Erfahrung in Ihr gemeinsames Liebesspiel ein. Zeigen Sie Ihrem Partner ganz behutsam, wie Sie es am liebsten haben.

Auch wenn es noch so heiß hergeht – jeder braucht auch ab und an wieder einmal ein paar Minuten, um zu verschnaufen. Lassen Sie sich beide diese Zeit. Nichts vergrault den Partner so sehr, wie unter Erwartungsdruck zu stehen.

Sexwünsche in die Tat um. Ob es sich um eine Liebesnacht auf Rosen oder um eine leichte, spielerische Züchtigung handelt – nichts, was beide mögen, ist abartig. Denn pervers ist nur, wenn jemand immer die gleiche Inszenierung braucht, um sexuell erregt zu werden – egal mit welchem Partner.

◎ Tauschen Sie die Rollen!

In den meisten Bezeihungen ist einer der Partner der aktive, der andere ist eher passiv. Das wird auf die Dauer für beide langweilig. Übernehmen Sie – wenn Sie sonst eher zurückhaltend sind – ruhig einmal die sexuelle Initiative. Sie werden sehen, wie dieser Rollentausch neuen Wind in Ihr Liebesleben bringt.

◎ Unterbrechen Sie den Akt!

Abwechslung ist, das wissen Sie schon lange, das halbe Leben. Damit Ihr Liebesleben nicht zur bloßen Routine wird, sollten Sie ab und zu kleine Pausen einlegen, die Stellung ändern, ein Spiel beginnen … Sie unterbrechen damit nicht Ihren Akt, sondern bereichern ihn um neue Varianten.

◎ Trainieren Sie Ihren Orgasmus!

Der weibliche Orgasmus kommt nicht von allein und in den meisten Fällen auch nicht durch das bloße Eindringen beim Geschlechtsverkehr. Eine Frau erlebt in der Regel einen Höhepunkt, wenn sie selbst oder der Partner ihre Klitoris stimuliert. Schaffen Sie gemeinsam Gelegenheiten, in denen Sie zum Orgasmus kommen. Dann kommt auch er schneller und immer öfter.

◎ Qualität statt Quantität

Es soll 36.000 Stellungen für den Sex geben, hat ein schlauer Forscher herausgefunden. Aber die alle zu recherchieren und zu üben, sollten Sie frustrierten Sexualakrobaten überlassen. Bauen Sie lieber die Stellungen aus, die Sie kennen und deren Wirkung Sie schätzen gelernt haben. Dann werden Sie mehr Spaß am Sex haben als die meisten ehrgeizigen Matratzensportler.

◎ Auch Kondome können Lust auf mehr machen

Sehen Sie in Kondomen kein lästiges Übel. Betrachten Sie die kleinen Gummis einmal als luststeigerndes Werkzeug, mit dem Sie spielen können. Es gibt ja die witzigsten Ausgaben, die verschiedene Wirkungen erzielen können. Seien Sie wagemutig!

◎ Finden Sie den richtigen Rhythmus!

Sex ist das Zusammenspiel von zwei Körpern, dessen richtiger Rhythmus erst gefunden werden will. Gehen Sie ruhig zwischendurch immer mal wieder zusammen tanzen. Eine alte Weisheit, die sich meist bestätigt: Wenn Sie beim Tanzen den richtigen Takt finden, klappt's auch im Bett besser.

◎ Sprechen Sie's ruhig aus!

Das ist leichter gesagt als getan, besonders wenn Sie Ihren Partner noch nicht so genau kennen. Außerdem sind Sie es vielleicht nicht gewohnt, erotische Worte zu benutzen. Daher als Einstieg: Beginnen Sie damit, das auszusprechen, was Sie gerade empfinden. Sie werden schnell feststellen, dass Ihr lustvoller Wortschatz größer ist, als Sie denken. Und Sie werden merken, wie das Ihren Partner erregt.

◎ Gehen Sie mal ran!

Wenn Sie es schon wagen, lustvoll zu reden beim Liebesspiel, ist auch der nächste Schritt nicht mehr gar so groß: Zeigen Sie ihm, dass in Ihnen eine erotische, entfesselte wilde Frau schlummert. Überraschen Sie ihn ab und an auf spielerische, leidenschaftliche Art, und nehmen Sie ihn, wenn er gerade langsam anfängt, Ihnen Avancen zu machen.

Ein Orgasmus ist wunderbar. Und wenn beide kommen, ist es noch viel schöner. Gar nicht schön aber ist, wenn diskutiert wird, warum sie oder er offensichtlich nicht gekommen sind. Sex kann auch großen Spaß machen, wenn man nicht den Gipfel erreicht. Was Sie bei sich akzeptieren, sollten Sie auch Ihrem Partner zugestehen.

Ihr Liebesleben sollte immer etwas Spielerisches, Leichtes behalten, so dass sich beide auf lustvolle Art von Problemen, Sorgen und Ansprüchen des Alltags erholen können.

Blick in die Zukunft: Liebesorakel

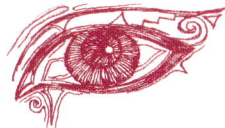

Orakel werden schon sehr lange Zeit von Hexen dazu verwendet, einen Blick in die Zukunft werfen zu können. Vielleicht haben Sie ja auch schon schon einmal von Pythia, der Priesterin des Orakels von Delphi gehört, deren oftmals zweideutige Zukunftsweissagungen so manchen Griechen zur Verzweiflung brachten.

Pendeln: Geheimnisse des Schicksals entschlüsseln

Es gibt aber auch Methoden der Zukunftsdeutung, die sehr eindeutige Aussagen liefern. Eine der bekanntesten ist das Pendeln. Mit Hilfe eines Pendels wird Wissen aus dem Unbewussten an die Oberfläche geholt. Das Pendel ist ein kleines Gewicht, das an einem Faden oder an einer Kette hängt. Sie können ihm ganz präzise Fragen stellen, auf die das Pendel mit »ja« oder »nein« reagieren wird. Es ist ein Instrument, mit dem das Wissen geweissagt werden kann, das in der Gefühlswelt jeder Frau gespeichert ist. Das Schöne am Pendeln ist, dass Sie es sofort ohne weitere Kenntnisse oder Hilfestellung von anderen ganz für sich allein durchführen können. Sie erhalten dann beispielsweise sofort Antworten auf Fragen wie: »Lerne ich noch in diesem Monat einen Liebespartner kennen?«

Wenn das Gefühl antwortet

Wie aber funktioniert das Pendel? Die Antwort ist recht einfach: Der Mensch nutzt lediglich fünf bis zehn Prozent seiner Gehirnkapazität bewusst. Die Gründe für diese geringe Nutzung sind bis heute noch nicht geklärt. Jedenfalls ist das Pendel – neben einigen anderen Möglichkeiten – eine Methode, um mit den mehr als 90 Prozent unbewusstem Wissen in Kontakt zu kommen und es positiv für sich zu nutzen.

> Immer mehr Menschen wird heute bewusst, dass rund um uns herum auch noch andere – sehr starke – Mächte existieren als nur die der Vernunft.

Das Pendeln vorbereiten

Bevor Sie mit dem eigentlichen Ritual beginnen, sollten sie zunächst das Pendel prüfen. Jedes Pendel hat eine ganz bestimmte magische Wirkung auf seinen Besitzer. Demnach sind auch die Aussagen des Pendels nicht allgemein gültig. Testen Sie das Pendel mit einfachen Fragen, und beobachten Sie die Antworten. So werden Sie schnell ein gutes Gefühl bekommen, was Ihnen das Pendel mitteilen möchte. Als Pendel benötigen Sie ein kleines Gewicht, das an einer Schnur oder einer Kette hängt.

Mittlerweile gibt es in Esoterikgeschäften die verschiedensten Pendel zu kaufen, aber es ist oft von Vorteil, wenn Sie einen Gegenstand wählen, zu dem Sie eine persönliche Beziehung haben, beispielsweise einen Ring oder ein anderes kleines Schmuckstück, das Sie sehr schätzen. Es gibt Menschen, die richtig gehend auf »ihr« Pendel schwören und behaupten, mit keinem anderen Pendel anständige Ergebnisse erzielen zu können.

Es spielt keine Rolle, welchen Gegenstand Sie zum Pendeln benutzen, es kann auch ein Knopf sein. Schöner ist es natürlich mit einem ganz persönlichen kleinen Gegenstand.

So könnte Ihr Pendel aussehen

Wie bereits erwähnt, müssen Sie kein Geld für teure Silbergewichte oder Pendel aus Glas ausgeben, denn es ist nicht die physische Eigenschaft, die zählt. Sie sollten sich nur mit dem ausgesuchten Gegenstand wohl fühlen. Die Kette, an der das Pendel befestigt ist, sollte ungefähr 30 cm lang sein. Aber auch hier gibt es keine festen Regeln. Wenn ich einmal auf Reisen mein Pendel vergessen habe, was sehr selten vorkommt, dann nehme ich einen Nähfaden und befestige meinen Ring daran. Probieren Sie aus, was Ihnen persönlich zusagt.

Wie bereits erwähnt, können Sie anstelle einer Kette selbstverständlich auch einen Faden oder eine Kordel verwenden. Sie können am oberen Ende des Pendels einen kleinen Griff aus Holz oder Metall anbringen, wenn Sie sich damit leichter tun. Diese gibt es in Esoterik- und Zaubergeschäften zu kaufen.

Als Pendel selbst eignen sich auch kleinere Edelsteine, die jedoch regelmäßig gereinigt werden müssen: Sie sollten sie entweder alle paar Tage mit fließendem Wasser abspülen oder regelmäßig unter eine Pyramide legen, wo sie sich energetisch wieder aufladen können. Achten Sie bitte darauf, dass eine Reinigung mit fließendem Wasser nicht für alle Steine in Betracht kommt.

Durchführung

Halten Sie das Pendel mit Daumen, Zeige- und Ringfinger fest. Normalerweise wird das Pendel mit der rechten Hand gehalten, doch wenn Sie sich mit der linken Hand wohler fühlen, sollten Sie diese nehmen.

Beim ersten Gebrauch wird das Pendel programmiert, das heißt, Sie richten die Codes ein, die für die Antworten »Ja« und »Nein« gelten. Andere Antworten sind, wie bereits erwähnt, mit dem Pendel nicht möglich, es sei denn, dass es in seltenen Fällen überhaupt nicht reagiert.

Sie bitten also zuerst das Pendel: »Gib mir ein Ja«. Achten Sie dann auf die Bewegung, die das Pendel ausführt: Ist sie kreisförmig, gegen oder im Uhrzeigersinn, schwingt es von vorn nach hinten oder von links nach rechts. Am besten notieren Sie sich schriftlich die Bewegung.

Dann bitten Sie das Pendel um die Bewegung für ein »Nein« Konzentrieren Sie sich darauf, zu denken: »Gib mir ein Nein«. Beobachten Sie, wie sich die Bewegung verändert. Es ist durchaus möglich, dass sich das Pendel jetzt von vorn nach hinten bewegt, auch wenn

Steine wie Turmalin und Tigerjaspis legen Sie zum Reinigen besser unter eine spezielle Pyramide.

Beim ersten Pendeln lernen Sie Ihr Pendel und seine Art zu antworten kennen.

es zuvor eine kreisförmige Bewegung beschrieben hat. Einige Menschen haben zunächst Schwierigkeiten, die Bewegungen zu »ja« und »nein« eindeutig zu erkennen. Seltsamerweise passiert das oft bei gekauften Pendeln. Sollten Sie auch diese Schwierigkeiten haben, so fertigen Sie sich einfach selbst Ihr Pendel an. Meiner Erfahrung nach verschwinden dann die Schwierigkeiten wie von selbst.

Und darauf antwortet Ihr Pendel

Achten Sie – nicht nur beim Pendeln – stets ganz bewusst auf die Welt um sich herum. Oft sind es kleinste Hinweise, die wir erhalten, um unserem Leben eine neue Wendung geben zu können, die uns gut tut. Wenn Sie diese Erlebnisse zulassen, wird sich Ihr Leben ändern.

Sie können dem Pendel sämtliche Fragen stellen, die mit »ja« oder »nein« beantwortet werden können. Wenn Sie z. B. ausgehen möchten, können Sie das Pendel schon in die Vorbereitung des Abends einbeziehen. Sind Sie vielleicht unschlüssig, was Sie anziehen sollen? Dann befragen Sie das Pendel: »Soll ich das rote Kleid anziehen?« Wenn Sie möchten, können Sie es so lange zu allen Kleidungsstücken befragen, bis Sie ein »Ja« bekommen.

Dieses Vorgehen funktioniert auch bei allen Fragen zum Thema Partnerschaft, auf die man mit »ja« oder »nein« antworten kann. Sie können ohne Zweifel das Pendel auch zum Beantworten einer so wichtigen Frage benutzen wie etwa: »Ist Hans mein Mann fürs Leben?«.

Die Antwort, die Sie bekommen, stammt schließlich nicht von irgendeiner unbekannten Macht, sondern im Grunde von Ihnen selbst. Das Pendel hat Ihnen lediglich geholfen, die in Ihrem Unbewussten bereits schlummernde Antwort zu entdecken.

Tipps für magisches Pendeln

◎ Achten Sie darauf, dass Ihr Geist während der ganzen Pendelzeremonie in einem entspannten, neutralen Zustand ist. Vermeiden Sie es, sich in die Frage emotional hineinzusteigern. Das Pendel antwortet dann am klarsten, wenn der Geist im Alphazustand ist. Dies ist der Bewusstseinsbereich, den wir vor dem Schlafengehen erreichen, und in dem wir emotional völlig entspannt und ruhig sind.

◎ Ihre Beine sollten beim Pendeln fest auf dem Boden stehen. Arme und Beine dürfen nicht verkreuzt sein.

◎ Arbeiten Sie mit dem Pendel in einer Umgebung, wo möglichst wenig elektrische Geräte stehen, denn diese beeinflussen Ihr Energiefeld negativ und können die Ergebnisse verfälschen.

◎ Pendeln ist Übungssache. Verlieren Sie nicht sofort die Geduld, wenn es mit der Interpretation der Bewegungen nicht gleich klappt.

◎ Experimentieren Sie, benutzen Sie notfalls ein anderes Pendel, das Sie selbst hergestellt haben (siehe auch Tipps auf Seite 134). Üben Sie mit dem Pendel, indem Sie ihm Fragen des täglichen Lebens stellen: Wenn Sie beispielsweise unsicher sind, welche Wirkung bestimmte Lebensmittel auf Ihren Organismus haben, können Sie auch das »auspendeln«. Halten Sie einfach das Pendel über das Lebensmittel, und fragen Sie: »Ist das gut für mich?« Gerade bei Ernährungsfragen ist das Pendel ein hervorragender Ratgeber, der einfach zu konsultieren ist.

◎ Das Pendel kann Ihnen auch viel Arbeit abnehmen – beispielsweise das aufwendige Zurechtmachen für einen Abend: Wenn Sie an manchen Tagen unschlüssig sind, ob Sie überhaupt ausgehen sollen, befragen Sie einfach das Pendel: »Soll ich heute ausgehen?«

◎ Sie werden feststellen, dass das Pendel ein effektiver Alltagsratgeber sein kann. Ich habe es stets zur Hand, denn im täglichen Leben gibt es immer wieder mal eine Frage, die man schnell beantwortet haben will. Wenn ich dann nicht sofort aus dem Bauch heraus eine Antwort weiß, hilft mir mein kleines Kristallpendel, meine wirklichen Wünsche leichter wahrzunehmen.

Mit etwas Übung können Ihnen Pendel oder andere magische Hilfsmittel bei Alltagsdingen ebenso wie in existenziellen Fragen bei der Entscheidung helfen.

Tarot – die Sprache der Bilder

Konzentrieren Sie sich auf die Probleme und Fragen, die Sie mit Hilfe der Karten lösen möchten. Schalten Sie auch mögliche Störungen von Vornherein aus, damit Sie sich wirklich ganz auf die Karten einlassen können.

Eines der beliebtesten Orakel in der magischen Welt ist das Tarot. Ich habe es bereits in meinem Buch »Hexenwissen« vorgestellt, möchte es aber hier noch einmal erwähnen, weil es gerade im Bereich der Liebesmagie ausgezeichnete Hilfestellung bieten kann. Die 78 Karten des Tarot sind Bilder des Unbewussten. Im Grunde funktioniert das Tarot ähnlich wie das Pendel, das unsere innersten Entscheidungen durch sein Schwingen an die Oberfläche unseres Bewusstseins bringt. Die Tarotbilder spiegeln unseren inneren Zustand wider, den wir dann entdecken können, wenn wir uns innerlich mit den Bildern beschäftigen. Beim Nachdenken über die Karten sind wir mit uns selbst beschäftigt. Damit erfüllen wir die wichtigste Forderung des alten griechischen Orakels von Delphi: »Erkenne Dich selbst!« Wenn wir einmal akzeptiert haben, dass alles, was um uns herum geschieht, eine Spiegelung unseres Inneren ist, dann sind wir auf dem magischen Weg bereits weit vorangekommen. Die Karten, die wir beim Tarot legen, sind also auch ein Abbild unseres inneren Zustandes. Wenn wir uns darauf einlassen, können wir durch sie viel über uns erfahren.

Die Bedeutung der einzelnen Karten zu erklären, würde an dieser Stelle zu weit führen. Schauen Sie sich im Handel um, und entscheiden Sie sich spontan für ein Tarotbuch. Darin finden Sie alle Informationen, um die gelegten Karten zu deuten. Wenn Sie völlig unschlüssig sind, dann pendeln Sie doch das Buch aus. Sie können das ganz in Ruhe zu Hause machen. Besorgen Sie sich einen Katalog, der Tarotbücher enthält. Diese gibt es in jeder größeren Buchhandlung. Halten Sie das Pendel über jedes Buch, und Sie werden schnell eine Antwort erhalten.

Nehmen Sie anfangs am besten ein Tarotbuch zu Hilfe, um die Motive und ihre Bedeutung zu entschlüsseln.

Das Liebestarot

Natürlich kann man den Tarotkarten Fragen zu allen Angelegenheiten des Lebens stellen. Doch sind natürlich Fragen zu Liebe und Partnerschaft in meiner Praxis die häufigsten. Deshalb stelle ich hier das Liebestarot vor, das Sie immer befragen können, wenn Sie das Gefühl haben, dass in Kürze bei Ihnen Veränderungen in der Liebe zu erwarten sind.

Wenn Sie Antworten auf Fragen haben möchten, die mit einem Neubeginn in Ihrem Leben verbunden sind, dann ist der Neumond ideal für das Kartenlegen. Handelt es sich um Fragen zu bereits bestehenden Partnerschaften, befragen Sie die Karten zur Zeit des Vollmondes oder des zunehmenden Mondes.

Betrachten Sie die Karten ganz genau: Welche Gegenstände und Personen sind darauf abgebildet? Was für Empfindungen lösen diese Motive bei Ihnen aus?

Vorbereitung

Sie brauchen Muße für die Karten. Versuchen Sie deshalb, die Tarotlesung wie ein Ritual zu gestalten. Wenn Sie möchten, legen Sie Ihre Lieblingsmusik auf. Zünden Sie eine blaue Kerze an, denn die Farbe Blau verstärkt die Intuition. Wenn Sie möchten, können Sie Duftöle während des Rituals verwenden. Für Fragen zur Partnerschaft eignen sich besonders gut Rosenöl und Vanille. Es hat sich bewährt, für das Auslegen der 78 Karten ein Tuch zu verwenden. Für Liebesfragen ist ein rotes Seidentuch am besten geeignet. Sie können allein die Karten legen; oft ist es aber sehr schön, wenn ein Mensch Ihres Vertrauens dabei ist, der vielleicht auch noch spontan Anregungen zur Deutung geben kann. Achten Sie darauf, dass Sie möglichst nicht gestört werden: Stellen Sie Klingel und Telefon leise oder schalten Sie beides ganz aus.

Durchführung

Zunächst mischen Sie die Karten. Sie müssen keinesfalls professionell mischen können. Es reicht völlig, wenn die Karten einfach nur ein bisschen anders als vorher angeordnet sind – Sie Ihnen sozusagen statt der bisherigen Ordnung Ihre eigene geben. Heben Sie dann zwei Stapel des Kartendecks ab, so dass insgesamt drei Stapel vor Ihnen liegen. Wiederholen Sie diesen Vorgang nochmals. Entspannen Sie sich, bevor Sie sich für einen der drei Stapel entscheiden. Dabei lassen Sie Ihre Hand in einem Abstand von drei bis fünf Zentimetern über die Karten gleiten. Wenn Sie ganz intuitiv das Gefühl haben »Das ist der richtige Stapel«, dann wählen Sie diesen aus. Es ist nicht wichtig, ob Sie mit der rechten oder der linken Hand über die Stapel gehen oder anschließend die Karten legen. Viel wichtiger ist Ihre Intuition bei der Auswahl der Karten und Ihre spontane Entscheidung. Denken Sie auch bitte nicht darüber nach, ob Sie jetzt auch wirklich alles richtig gemacht haben, sondern entscheiden Sie nach Ihrer Eingebung.

Den ausgewählten Stapel breiten Sie nun fächerförmig vor sich aus; die Karten sind dabei noch nicht aufgedeckt. Nun gehen Sie wieder so vor wie oben bei der Auswahl des Stapels: Sie gehen mit Ihrer Hand in kurzem Abstand über die Karten und entscheiden sich für drei davon, die Sie vor sich auslegen. Jetzt drehen Sie die Karten um.

> Ebenso wie andere magische Hilfsmittel und Ratgeber basiert die Aussagekraft der Karten nicht auf einer rationalen Ebene. Versuchen Sie daher auch beim Kartenlegen eher Ihrer Intuition als der Überlegung zu folgen.

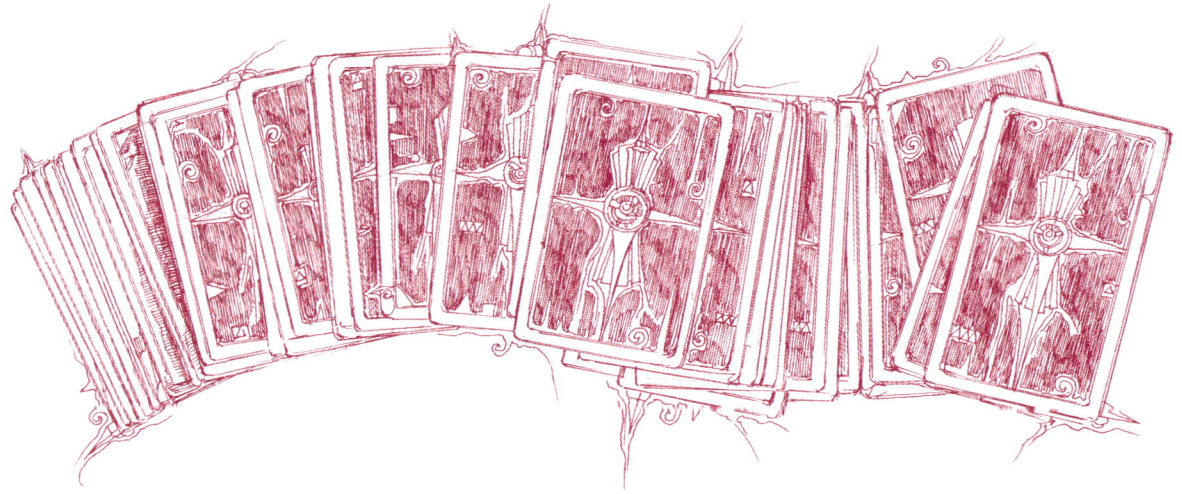

Der Blick in das Unbewusste ist oft auch eine Herausforderung und konfrontiert uns unter Umständen mit Dingen, die man lieber verdrängen oder vergessen würde.

Deutung der gelegten Karten

Betrachten Sie nun aufmerksam die drei von Ihnen ausgewählten Karten:

Die erste Karte, die Sie gewählt haben, symbolisiert Ihre Vergangenheit in Beziehung und Partnerschaft. Ärgern Sie sich nicht, wenn es eine Karte ist, die in dunklen Farben gehalten wurde. Möglicherweise deutet sie auf die Fehler hin, die Sie in vergangenen Liebesbeziehungen gemacht haben. Die Karten sprechen offen zu Ihnen, daher sollten Sie sich auch offen den Karten gegenüber verhalten: Nehmen Sie die Hinweise an, und akzeptieren Sie Ihre spontanen Eingebungen dazu, denn die sind meist richtig. Und vergessen Sie nicht: Das Liebestarot ist Ihr Freund und Ratgeber, es will Sie nicht beschuldigen oder gar anklagen.

Die zweite Karte, die Sie aufdecken, spiegelt Ihre derzeitige Situation wider. Auch hier sollten Sie nicht in Kategorien wie »gute« bzw. »schlechte« Karte denken, sondern Ihrer spontanen Reaktion lauschen. Was fällt Ihnen ein, wenn Sie die Karte betrachten? Welche Verbindungen gibt es zu Ihrem Leben?

Die dritte Karte gibt Aufschluss darüber, was Sie in der Zukunft erwarten wird. Denken Sie daran: Die Karten sind stets eine Reflektion dessen, was in Ihrem Inneren vorgeht. Ändert sich Ihre innere Einstellung, so kann das Liebestarot in einigen Wochen völlig andere Ergebnisse bringen.

Die gelegten Karten symbolisieren Vergangenheit, Gegenwart und Zukunft. Nehmen Sie die Hinweise an, die Ihnen die Karten geben.

Das Teeblattorakel

Dieses Orakel lassen Sie sich am besten von jemandem erklären, der schon ein bisschen Erfahrung damit hat. Mit etwas Übung können Sie es dann auch ganz einfach selbst durchführen.

In der magischen Welt erfreut sich dieses Orakel seit einigen Jahren einer steigenden Beliebtheit. In Kürze wird in »Thea's Hexenbibliothek« ein neuer Band erscheinen, der sich nur mit dem Teeblattorakel beschäftigt. Diese Art der Weissagung wurde vor Jahrtausenden zuerst in China, dem Ursprungsland des Tees, betrieben, um die Zukunft zu befragen.

Vorbereitung

Sie können dieses Orakel während einer ganz normalen Teezeremonie durchführen. Vielleicht laden Sie einfach ein paar Freundinnen dazu ein, gemeinsam eine schöne »Teestunde« abzuhalten. Bei dieser Gelegenheit können Sie dann gemeinsam das Teeblattorakel befragen.

Wichtig ist, dass Sie beim Zubereiten und Trinken des Tees konzentriert, aber nicht zwanghaft, an Ihre Frage denken, die Sie dem Orakel stellen möchten. Geeignet sind alle Fragen, die mit einem Symbol beantwortet werden können, beispielsweise: »Welchen Beruf wird mein zukünftiger Liebespartner haben?« Anders als das Pendeln kann das Teeblattorakel keine Fragen mit »ja« oder »nein« beantworten, da es durch die Teeblätter Symbole anzeigt.

Sie können das Orakel allein oder zu zweit durchführen. Wenn noch eine Person Ihres Vertrauens dabei anwesend ist, haben Sie den Vorteil, dass Sie eine Hilfe beim Deuten des Symbols haben.

Durchführung

Das Orakel ist ganz einfach zu machen: Sie brauchen sich nur eine Tasse Tee mit frischen Blättern aufzubrühen. Dafür eignen sich am besten Schwarzer oder Grüner Tee. Wenn Sie ein Teesieb benutzen, sollten Sie darauf achten, dass noch einige Teeblätter in der Tasse bleiben.

Am einfachsten ist es, wenn Sie den Tee mit losen Blättern aufbrühen; ein halber Teelöffel voll ist ausreichend. Wenn Sie die Tasse fast geleert haben, schütteln Sie sie so lange, bis die Teeblätter eine Figur bilden, die gedeutet werden kann.

Deutung des Orakels

Es verlangt etwas Erfahrung, das Teeblattorakel zu deuten, doch Sie werden feststellen, dass es so viel Spaß macht, dass Sie schnell mit den Symbolen umgehen können. Das Wissen um die Symbole wird derzeit noch von Mund zu Mund weitergegeben. Wenn Sie das Orakel ausprobieren möchten, können Sie zur Deutung der Symbole ein Traumbuch heranziehen. Da das Orakel, ebenso wie Träume, Unbewusstes an die Oberfläche bringt, können Sie sich an den Traumdeutungen orientieren. Haften Sie aber bitte nicht sklavisch an der Interpretation, die Sie in einem solchen Buch finden – benutzen Sie es als Hilfestellung für Ihre Phantasie und Ihren Instinkt.

Das I Ging-Orakel

Neben den klassischen magischen Orakelmethoden wie Pendeln und Tarot gibt es das I Ging, eine chinesische Weissagungsmethode, die sich in esoterischen Kreisen großer Beliebtheit erfreut. Man kann das I Ging natürlich auch in Liebesfragen anwenden.

Das I Ging, das chinesische Buch der Wandlungen, ist bereits fünftausend Jahre alt. Es enthält einen Urtext für die verschiedenen Symbole. Dieser Text ist so verschlüsselt, dass man Erfahrung im Deuten und Verstehen braucht, um sie zu lesen. Die Logik und Symbolik des I Ging zu erklären, würde an dieser Stelle viel zu weit führen. Hier deshalb nur einige Anmerkungen zu diesem sehr bekannten Orakel, die Sie vielleicht neugierig auf einen Versuch mit dem I Ging machen.

Eine Frau, die genau weiß, dass sie ihrer inneren instinktiven Sicherheit vertrauen kann, wirkt ungemein erotisch – und zwar auf alle Menschen. Vertrauen Sie also öfter Ihrer inneren Stimme ...

Unterhaltsamer Blick in die Zukunft

Das Teeblattorakel kann eine sehr gesellige Art der Weissagung sein. Mir hat es meine Mutter überliefert, die jeden Monat einmal in unserem Haus zum Tee einlud. Mindestens eine ihrer vielen Freundinnen hatte immer ein Problem, zu dem dann das Orakel befragt wurde. Ich erinnere mich, dass Mutters Freundinnen immer bestens gelaunt wieder nach Hause gingen. Das mag aber nicht nur an den Fähigkeiten meiner Mutter als Orakeldeuterin gelegen haben sondern auch am Tee – oder an den Likörchen, die danach noch getrunken wurden ...

Worauf basiert dieses Orakel?

Das I Ging, ein Buch, das in China seit Jahrtausenden benutzt wird, besteht aus so genannten Trigrammen, drei parallelen Linien, die das Entstehen der Dinge aus der Dualität von Yin und Yang beschreiben, und so genannten Hexagrammen, das sind sechszeilige Linien, die jeweils eine Aussage beinhalten. Diese Aussage wird dann gedeutet.

Die Hexagramme stehen für eine Grundlage der chinesischen Philosophie: das Prinzip der Dualität. Sie bestehen aus durchgezogenen Linien, die das männliche, aktive Prinzip, Yang, charakterisieren, und unterbrochenen Linien, die für das weibliche Yin stehen. Das I Ging beruht im Grunde auf dem Prinzip des Tao, das die folgenden drei Grundprinzipien enthält:

☯ Die Welt besteht aus Gegensätzen; diese sind allerdings nur scheinbar.

☯ Von höherer Warte aus betrachtet, bilden die Gegensätze eine Einheit.

☯ Aus dem Spannungsgefälle der Gegensätze entsteht Bewegung und Veränderung. Nichts ist statisch. Deshalb nennt man das I Ging auch das Buch der Wandlungen, das dem Menschen etwas über seine Persönlichkeit sagt und sein Potenzial offenbart.

Es gibt mittlerweile viele Bücher über das I Ging. Wie bei allen alten Orakelmethoden brauchen Sie als Anwender jedoch auch beim I Ging einige Zeit, um es wirklich zu verstehen. Ähnlich wie das Tarot ist es hervorragend geeignet, Problemlösungen zu finden, die im Unterbewusstsein immer schon vorhanden sind. Mit Hilfe des Orakels dringen diese Lösungen dann ins Bewusstsein.

Gegensätze erkennen und akzeptieren, Verschiedenartigkeit als Bereicherung zu empfinden – eine solche Sichtweise wird Ihnen nicht nur bei der Zauberei; sondern auch im Alltag helfen, gelassener und toleranter mit sich und anderen Menschen umzugehen.

Vertrauen Sie Ihrer Intuition

Ob I Ging, Teeblattorakel, Tarot oder Pendeln – alle genannten Methoden haben sich schon vielfach bewährt. Worauf Ihre Wirkung jedoch genau basiert, ist nicht restlos erwiesen. Wenn Sie offen sind, auch die Eindrücke wahrzunehmen und zu akzeptieren, die rational nicht vollständig zu erklären sind, werden Ihnen die hier beschriebenen und ähnliche Methoden sicher bei vielen Entscheidungen helfen.

Der Blick in die Kristall-kugel ist schon seit jeher eine beliebte Technik, um die Zukunft vorher-zusagen.

Liebesorakel für jeden Tag

Abschließend seien hier noch einige Liebesorakel erwähnt, die Sie leicht jeden Tag anwenden können. Sie sind eine Form positiver Magie und werden noch heute in den unterschiedlichsten Kulturen angewendet. Viele der heutigen Orakel stammen von uralten Bräuchen ab und wurden bereits von den Priestern der Maya und der Inka angewendet. Auch im Mittelalter waren Orakel eine beliebte Methode, um einen Blick in die Zukunft werfen zu können.

Magische Spiegelzaubereien

Wundern Sie sich nicht, dass in einigen der aufgeführten Orakel ein oder mehrere Spiegel eine große Rolle spielen. Der Spiegel ist, ähnlich wie die Kerzen, ein beliebtes magisches Zubehör, da er sowohl in der Lage ist, Energien zu vervielfachen und schlechte Einflüsse abzuwenden. Seit über zweitausend Jahren wird er als magisches Werkzeug verwendet, um in die Zukunft zu schauen. Die beim Zaubern oft erwähnte Kristallkugel ist eine runde Spiegelfläche, in der die Hexe Zukünftiges oder Vergangenes sehen kann.
Im Mittelalter war es bei hoch gestellten Persönlichkeiten sehr beliebt, kleine Spiegel in die Kleidung einzunähen, um sich vor schlechten Energien zu schützen und die eigene Energie zu steigern.

145

Wie Sie einen Spiegel magisch vorbereiten

Für magische Praktiken eignen sich vor allem eckige Spiegel. Selbstverständlich können Sie auch mit einem runden Spiegel experimentieren. Es ist sehr hilfreich, wenn Sie Ihren gekauften Spiegel zunächst reinigen, bevor Sie ihn für Ihre Zwecke verwenden. Wenn es möglich ist, sollten Sie dazu Wasser aus einem Fluss oder einem Bach verwenden. Die Prozedur sollte nachts durchgeführt werden. Natürlich können Sie auch Wasser aus der Leitung verwenden. Aber Sie werden besser mit dem Spiegel arbeiten können, wenn Sie ihn in der Natur reinigen. Wenn es Ihnen unheimlich ist, nachts allein an ein fließendes Gewässer zu gehen, so können Sie eine Freundin oder einen guten Freund bitten, Sie zu begleiten. Wenn mehrere Frauen zusammen Ihre Spiegel nachts reinigen – was sowieso regelmäßig gemacht werden sollte –, dann können Sie ein kleines Fest daraus machen, indem Sie alle zusammen beim nächsten Vollmond zum Fluss ziehen. Das kann großen Spaß machen. Außerdem vervielfacht es die Wirkung der Reinigung, da mehrere Menschen mit demselben Ziel über stärkere Energie verfügen als einer allein.

Freuen Sie sich über jede Information und jede Eingebung, auch wenn Sie sie auf vielleicht bisher unerforschten Wegen bekommen: Schreiben Sie ruhig auch immer wieder auf, was Sie fühlen, welche Empfindungen Sie bei bestimmten Ereignissen haben.

So reinigen Sie den Spiegel richtig

Tauchen Sie den Spiegel in das fließende Wasser. Sagen Sie dabei: »Was hier war …«, jetzt heben Sie ihn hoch, möglichst ins Mondlicht, » … ist jetzt vorbei.« Trocknen Sie den Spiegel ab. Sagen Sie: »Du bist jetzt mein magisches Werkzeug. Hilf mir stets bei meinen Unternehmungen.« Zu Hause lassen Sie den Spiegel bitte nicht offen stehen, er verliert sonst seine Energie. Hüllen Sie ihn in ein blaues oder weißes Seidentuch und stellen Sie ihn weg, wenn Sie ihn nicht brauchen. Sie können nun jederzeit den Spiegel für die folgenden Orakelmethoden benutzen.

Den Zukünftigen sehen

Für dieses Orakel, das Ihnen einen Blick auf Ihren Liebespartner ermöglicht, benötigen Sie zwei rote Kerzen, eine frische rote Rose und Ihren magischen Spiegel.

Um das Gesicht Ihres zukünftigen Geliebten zu sehen, setzen Sie sich bei Vollmond vor Ihren magischen Spiegel. Zünden Sie zwei rote Kerzen an, die Sie rechts und links neben dem Spiegel platzieren. Jetzt nehmen Sie die Rose in die Hand und schauen in den

Spiegel. Visualisieren Sie sich selbst als liebenswerte Person, die Liebe aussendet und empfängt. Versuchen Sie, diese Liebesenergie körperlich zu spüren. Nun lassen Sie langsam Ihre Augen vom Spiegel zu den Kerzen wandern und wieder zurück. So lange, bis Sie das Gesicht Ihres zukünftigen Liebsten im Spiegel erblicken.

Die historische Variante zu diesem Orakel

Um das Gesicht des zukünftigen Partners zu sehen, gibt es ein weiteres altes Orakel aus dem Mittelalter: Bei Vollmond stehen Sie mit dem Rücken zu einem Kristallspiegel. Schneiden Sie einen Apfel in neun Stücke. Diese stecken Sie nacheinander auf die Spitze eines Messers, das Sie dann über die linke Schulter halten, um sein Gesicht im Spiegel sehen zu können.

Er liebt mich …

Bestimmt kennen Sie den alten Brauch, einem Gänseblümchen die Blütenblätter auszuzupfen, um zu erfahren, ob man geliebt wird. Jede von uns stand sicher irgendwann einmal mit dem Blümchen da und probierte: »Er liebt mich …«. Diesen Brauch können Sie variieren, indem Sie an einem Frühlingstag mit geschlossenen Augen eine Hand voll Gänseblümchen pflücken. Die Anzahl der gepflückten Blumen sagt Ihnen, wie viele Monate Sie noch auf einen Liebsten warten müssen.

Natürlich gibt es auch spielerische und kindliche Varianten zu den Orakeln. Sie dienen zur Unterhaltung und helfen, bei Ungewissheit die Zeit zu vertreiben.

Wohl jeder kennt einfache überlieferte Rituale, die Verliebten Antwort geben sollen auf die Frage: »Werde ich auch geliebt?«

Im Traum mehr erfahren

Im folgenden Orakel spielt eine Tarotkarte eine Rolle: Nehmen Sie die Karte »Die Liebenden« aus dem Rider-Tarot, und legen Sie sie unter Ihr Kopfkissen. In den nächsten sieben Tagen werden Sie im Traum weitere Informationen über Ihren zukünftigen Liebsten erhalten.

Mit den Haaren herbeigelockt

Wenn Sie sich sechs Monate lang immer bei Neumond eine Locke Ihres Haares abschneiden, diese in einem roten Kästchen verwahren und sich dabei einen Liebespartner wünschen, so erscheint dieser spätestens in den darauf folgenden sechs Monaten.

Traumhafter Neumondzauber

Ebenfalls bei Neumond legen Sie eine Kette, die Sie aus einem roten, einem blauen und einem rosafarbenen Band geflochten haben, unter Ihr Kopfkissen. Vor dem Einschlafen bitten Sie den Mond: »Neuer Mond, lieber Mond, nimm dieses Band und zeig mir an, wer mit mir durchs Leben gehen kann.« Bis zum nächsten Neumond erscheint Ihnen das Gesicht Ihres Liebsten im Traum.

Ein bedeutungsvoller Kuss

Wer am ersten Neumond im Neuen Jahr unter einem Mistelzweig geküsst wird, der trifft seinen wahren Lebenspartner innerhalb von drei Monaten.

Achten Sie auch immer darauf, welchen gefühlsmäßigen Eindruck Sie haben, wenn Sie andere Menschen zum ersten Mal sehen.

Haben Sie langes gelocktes Haar? Dann versuchen Sie doch, mit dessen Hilfe Ihren Traummann »herbeizulocken«.

Mit Visionen die Liebeszukunft erahnen

Ein wichtiger Bestandteil magischer Zukunftsschau sind Visionen. Ich möchte sie hier erwähnen, weil darüber oft große Missverständnisse bestehen. Viele glauben, nur besondere Menschen hätten Visionen. Dem ist nicht so: Visionen kann jeder Mensch haben, nur ist es so, dass die meisten den Botschaften ihres Unbewussten nicht lauschen.

Oft machen uns diese Botschaften auch Angst, da wir sie rational nicht erklären können. Mittlerweile hat die Physik hierfür jedoch wissenschaftliche Erklärungen gefunden. Es führt zu weit, an dieser Stelle ins Detail zu gehen.

Jeder kann seiner inneren Stimme lauschen

Natürlich gibt es Menschen, die – oft vor allem der Publicity wegen – behaupten, ihre Eingebungen in Trance, einem schlafähnlichen Zustand, erhalten zu haben. Viel öfter habe ich jedoch mit ganz normalen Menschen zu tun, die mir von Situationen ihres Lebens erzählen, wo sie nicht mehr weiterwussten und schließlich einfach einer »inneren Stimme« gefolgt sind. Manche sehen auch urplötzlich, vor allem in Gefahrensituationen, ein Bild vor sich, das ihnen genau zeigt, was zu tun ist. Das ist nichts anderes als eine Vision: Ein Bild taucht aus dem Unbewussten auf und gibt Hinweise. Wenn wir gegenüber solchen unbewussten Signalen aufmerksamer werden, wird sich unser Leben ändern, weil wir dann produktiv mit unserem inneren Wissen arbeiten.

Leider wird »Visionsfähigkeit« nicht an unseren Schulen gelehrt, und die traditionelle westliche Erziehung lehnt sie sogar richtig gehend ab. »Du spinnst«, wird kleinen Kindern vorgehalten, wenn sie einem Erwachsenen erzählen, welche inneren Bilder sie gerade sehen. Kein Wunder, dass sich die meisten diese Fähigkeit dann ganz schnell abtrainieren. Wenn wir später als Erwachsene Bilder sehen oder plötzliche Eingebungen haben, erschrecken wir. Diese Wahrnehmungen sind ungewohnt, nicht rational zu erklären, und deshalb machen sie uns Angst.

Wer sich etwas mit der Relativität der Zeit sowie ihrer Abhängigkeit von Raum und Körper beschäftigt hat, wird wesentlich mehr Dinge für vorstellbar halten, als jemand, der diese Komponenten nicht kennt.

149

Schutz vor magischer Beeinflussung

Das Wassermannzeitalter ist angebrochen und damit leider auch die Zeit der Boshaftigkeiten, Anfeindungen und negativen Angriffe. Um sich vor schlechten Einflüssen zu schützen, sollten Sie vor Beginn eines jeden Rituals ein kleines Schutzritual durchführen.

Im Folgenden möchte ich Ihnen ein besonders wirkungsvolles Ritual empfehlen, das Ihr Haus und Sie selbst vor sämtlichen negativen Angriffen schützt. Zunächst sollten Sie sieben rechteckige Tafeln (etwa 10 x 5cm groß) aus weißem Wachs formen. Nachdem das Wachs einigermaßen hart geworden ist, ritzen Sie mit einem Nagel, der noch nie benutzt wurde, die folgenden Worte auf alle sieben Wachstafeln:

»Alle Energien, die fremd sind meiner Seele und meinem Haus, sollen zurück zum Ursprung allen Lebens. Schutz über mich und Schutz über dieses Haus.«

Danach nehmen Sie die sieben Wachstafeln und vergraben sie an sieben verschiedenen Stellen um Ihr Haus herum. Führen Sie dieses Ritual am besten an einem Sonntag zwischen 14 und 15 Uhr oder 21 und 22 Uhr (Winterzeit) durch.

Amulette als Schutzsymbole

Auch Amulette und Talismane verleihen ihrem Träger Schutz und Kraft gegen negative Energien. Ein sehr wirkungsvolles Amulett bei schwer wiegenden Problemen ist das altbewährte Pentagramm, das alle schlechten Energien vertreiben und von einem fern halten soll. Ein ebenfalls sehr wirkungsvolles Amulett ist das Utchat (das Auge des Horus, Ägypten). Es verleiht seinem Träger Schutz gegen alles Böse.

Auch der berühmte Ring von Atlantis, ein halb offener Hexenring, schützt aufgrund seiner einzigartigen und besonderen Herstellung seinen Träger vor allen schlechten Energien. Er soll immer am Tag an der linken Hand und in der Nacht an der rechten Hand getragen werden.

Mit Hilfe der Weißen Magie können Sie auch Ihre seelischen »Abwehrkräfte« gegenüber negativen Energien und schlechten Einflüssen stärken.

Magische Schutzrituale

Die folgenden Rituale helfen, wenn Sie sich aus einer bedrückenden Situation befreien möchten.

Wenn Sie durch eine andere Person erschöpft sind

Anderen zu helfen zehrt manchmal auch ziemlich an den eigenen Reserven. Nehmen Sie sich deshalb ab und an Zeit, nur an sich selbst zu denken und sich etwas Gutes zu tun, um wieder neue Kräfte zu tanken.

Dieser Zauber ist hervorragend geeignet, wenn Sie müde und ausgelaugt von einem langen Tag nach Hause kommen. Danach fühlen Sie sich wieder frisch und finden die Energie, noch etwas zu machen, was Ihnen gut tut.

Durchführung

Wählen Sie eine kleine Ritualfigurenkerze aus, die diese Person symbolisiert, etwa eine rote Kerze, wenn es sich um einen sehr temperamentvollen Menschen handelt. Diese Kerze zünden Sie an. Lassen Sie sie völlig abbrennen. Bereiten Sie sich ein Bad zu. Verwenden Sie hierfür einen Entspannungsduft wie Lavendel oder Melisse. Nehmen Sie die Kerze mit ins Badezimmer. Während die Kerze abbrennt, gewinnen Sie neue Energie durch Ihr Entspannungsbad. Legen Sie die Hand auf Ihr Herz, und denken Sie liebevoll an die Person, die Ihre Energien gebraucht hat. Wünschen Sie ihr gedanklich alles Gute, und vertrauen Sie darauf, dass sie jetzt ihre Probleme allein lösen kann. Lassen Sie die Kerze völlig abbrennen, und genießen Sie die Entspannung durch das Wasser.

Ein Bad reinigt und erfrischt Körper und Geist, wenn man die Sinne mit Düften, Aromen und wohliger Wärme anregt.

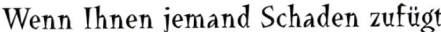

Wenn Ihnen jemand Schaden zufügt

Achtung! Diesen Zauber sollten Sie nur anwenden, wenn Sie sich wirklich von jemandem stark beeinträchtigt fühlen! Sie müssen ernsthaft belästigt werden. Ich habe es zwar bereits erwähnt, möchte es aber nochmals wiederholen: Wenden Sie niemals aus eigennützigen Gründen einen Zauber gegen einen Menschen an. Das Gesetz der Magie sagt, dass er sonst dreifach auf Sie zurückkommen wird. Natürlich können Sie sich aber durch Zauber vor anderen Menschen schützen, die Ihnen schaden wollen.

Zutaten

ein Eiswürfelbehälter
ein persönlicher Gegenstand der belästigenden Person
ein Zettel, auf den Sie den Namen der Person schreiben

Durchführung

Frieren Sie den Zettel und den Gegenstand, der natürlich möglichst klein sein sollte, ein. Sprechen Sie dazu:
»Ich friere dich, ich kühle dich,
von dir erleid ich nie mehr Schaden,
denn ohne mich wirst du bald baden.«
Lassen Sie den eingefrorenen Gegenstand in Ihrem Kühlschrank. Irgendwann werden Sie wieder daran denken. Dann können Sie ihn herausnehmen. Lassen Sie ihn auftauen, und werfen Sie ihn in ein fließendes Gewässer. Wiederholen Sie dabei den Zauberspruch.

Archaische Symbole wie Bäume und Gewässer entsprechen unserem Bedürfnis nach Schutz und Sicherheit.

Wenn jemand Sie sehr verletzt hat

Machen Sie einen Spaziergang, und nehmen Sie unterwegs ein großes Blatt von einem Baum mit. Wenn Sie wieder zu Hause sind, streichen Sie sich mit dem Blatt über die Stirn und bitten es, Ihren Ärger fortzunehmen. Dann legen Sie es in Ihr Lieblingsbuch. Vor dem Einschlafen denken Sie noch einmal daran, dass das Blatt Sie wieder in einen guten energetischen Zustand versetzen wird. Legen Sie das Buch unter Ihr Kopfkissen, und schlafen Sie darauf. Spätestens nach drei Tagen wird es Ihnen besser gehen.

Wenn eine alte Liebe Sie nicht loslässt

Schreiben Sie Ihren Namen und den Ihres ehemaligen Geliebten auf eine weiße Kerze. Lassen Sie diese in einer Neumondnacht abbrennen. Sprechen Sie dabei dreimal:

»Die Zeit war schön, die Zeit ist vorbei,
ich bin jetzt frei, er ist mir einerlei.«

Die Reste der abgebrannten Kerze wickeln Sie in ein Stück weiße Seide. Diese verschnüren Sie mit einem weißen Band. Das Paket werfen Sie in ein fließendes Gewässer. Dabei wiederholen Sie noch einmal den Zauberspruch.

Bis zum nächsten Neumond werden Sie spüren, dass die Macht Ihres Exlovers über Sie nachgelassen hat, und Sie über neue Energien verfügen. Sie sind wieder frei!

Wie Sie wieder frei für eine neue Beziehung werden

Sie haben eine Trennung von einem Partner hinter sich, den Sie einmal sehr geliebt haben? Dann stecken Sie noch mitten im schmerzhaften Prozess der Ablösung. Wichtig ist, dass Sie durch diesen völlig hindurchgehen, auch wenn dabei immer wieder Gefühle auftauchen, die sehr weh tun. Sie loszulassen ist wichtig für die Heilung. Erst dann sind Sie wieder frei für ein neues Leben und eine neue Beziehung. Das erleichtert Ihnen den Anfang:

◉ Hatten Sie mit Ihrem Expartner ein gemeinsames Schlafzimmer? Dann ist dieses wichtige Zimmer, in dem Sie sich ständig neu aufladen, wahrscheinlich noch besetzt mit seinen Schwingungen, die Sie unbewusst weiterhin wahrnehmen (siehe auch Seite 90 ff.). Ziehen Sie die Bettwäsche ab, und verschenken Sie sie am besten. Wenn möglich, kaufen Sie komplett neue Wäsche. Umso wirksamer wird der Neubeginn.

◉ Putzen Sie den Boden mit Essigwasser, da es sämtliche Gerüche, und damit die alten Energien, bindet. Leisten Sie sich eine neue Wandfarbe. Wenn vorher Weiß im Schlafzimmer vorherrschte, versuchen Sie es doch einmal mit einem hellen Blau. Das beruhigt und entspannt die Seele. Hängen Sie neue Bilder auf, wenn möglich auch neue Vorhänge. Je mehr Sie äußerlich verändern, desto mehr wird sich innerlich verändern. Es wird Ihnen leichter fallen, Abschied zu nehmen und loszulassen.

Bewusste Abschiedsrituale helfen, Vergangenes wirklich zu beenden und wieder frei für Neues zu werden.

◎ Zum Schluss sollten Sie das Zimmer noch mit Salbei reinigen. Salbei wird vor allem bei den Indianern traditionell für Reinigungszeremonien verwendet. Sie bekommen es in jeder Apotheke.

Geben Sie es in eine feuerfeste Schüssel, und zünden Sie es an. Gehen Sie mit der Schüssel in alle Räume, und lassen Sie den Rauch in jede Ecke ziehen. Sprechen Sie dabei:

»Ich verabschiede mich von dir, (Name).
Verabschiede du dich aus meinem Leben,
so, wie der Rauch sich in die vier Ecken dieses
Zimmers verzieht und auflöst.«

Lassen Sie den Rest des Salbeis langsam ausglimmen. Zünden Sie eine weiße Kerze an, und stellen Sie sich noch einmal genau vor, wie sie helles Licht in Ihren Raum bringt. Lassen Sie die Kerze völlig abbrennen. Werfen Sie die Reste von Salbei und Kerze in ein fließendes Gewässer. Denken Sie nicht mehr über den Zauber nach. Richten Sie Ihr Denken nach vorn: auf Ihr neues Leben!

Wie Sie schlechte Eigenschaften loswerden

Schreiben Sie alles, was Sie an sich nicht mögen, auf einen Zettel. Suchen Sie ein Flussufer auf.

Zerreißen Sie den Zettel in ganz kleine Stücke, und sagen Sie dabei:

»Lass los deine Eifersucht, lass los deine Angst,
(zählen Sie jetzt alle Eigenschaften auf)
der Fluss nimmt sie mit sich, der Fluss nimmt sie ganz.«

Werfen Sie die Zettelstückchen in den Fluss.

Stellen Sie sich vor, wie es jetzt ganz hell in Ihrem Inneren wird.

Wieder zu Hause angekommen, zünden Sie eine weiße Kerze an. Lassen Sie sie brennen, solange Sie möchten, auch in den folgenden Tagen. Denken Sie beim Abbrennen daran, wie Ihre Sorgen weggewaschen wurden, und wie hell es dadurch in Ihnen werden konnte.

Vergangenes loszulassen und sich Zukünftigem zu öffnen ist etwas, was jeder im Laufe seines Lebens lernen muss. Denn meist hängt man Vertrautem nach, weil es auch ein Stück Sicherheit bietet.

Impressum

© 2001, W. Ludwig Buchverlag, München, in der Econ Ullstein List Verlag GmbH & Co. KG, München

Redaktion
Ina Raki

Projektleitung
Karin Stuhldreier

Redaktionsleitung
Dr. Reinhard Pietsch

Bildredaktion
Sabine Kestler, Gabi Feld

Umschlag
Hempel/Langkau, München

DTP/Satz
Mihriye Yücel

Produktion
Manfred Metzger (Leitung), Annette Aatz, Dr. Erika Weigele-Ismael

Druck und Bindung
Westermann Druck, Zwickau

Gedruckt auf chlor- und säurearmem Papier
Printed in Germany

ISBN 3-7787-3941-7

Bildnachweis

Bavaria, Gauting: 104 (VCL); Gettyone Stone, München: 51 (Dan Bosler), 71, 74 (Jerome Tisne), 106 (Gerome Ferrarao), 124 (Terry Vine), 141 (Les Wies); Image Bank, München: 2 (Donata Pizzi), 8, 52, 65, 126 (David de Lossy), 13 (L.D. Gordon), 16 (Jean Mahaux), 18 (Studio MPM), 20 (Andrew Unangst), 27 (Juan Silver), 30, 39 (Alan Daussin), 55 (Guiseppe Molteni), 61 (Alain Choisnet), 88 (Dominic Rouse), 91 (M. Taglienti), 99 (Pete Turner), 119 (Philip Porcella), 122 (Adrian Duey), 128 (Regine M.), 145 (Bruce Ayres), 152 (Marc Romanelli); Mauritius, Mittenwald: Titel / Fond (Kupka), 135 (Fichtl); Photonica, Hamburg: 23 (Barry Yee), 43, 44 (M. Yamaguchi), 46 (Patricia McDonou), 48 (M. Yamazaki), 68 (Y. Watabe), 81 (M. Komine), 83 (H. Matsu), 96 (Neo Vision), 100 (Y. Kamazawa), 131 (Nikolaevic), 147 (Okamoto), 148 (Mas Kono); Südwest Verlag, München: Titel / Einklinker (Michael Holz), 28, 33, 102 (M. Nagy), 36 (Ezy United), 67, 84, 110 (S. Kracke), 76 (jump/C. Vey), 112 (K. Newedel), 132, 139, 150 (S. Sperl); Transglobe, Hamburg: 86 (Otto Stadler)

Alle Illustrationen stammen von Beate Brömse.

Hinweis

Das vorliegende Buch ist sorgfältig erarbeitet worden. Dennoch erfolgen alle Angaben ohne Gewähr. Weder Autorin noch Verlag können für eventuelle Schäden, die aus den im Buch gemachten Hinweisen resultieren, eine Haftung übernehmen.

Aus Theas Leben

Schon Thea's Vorfahren waren größtenteils außergewöhnlich spirituelle Menschen, und seit jeher wird in ihrer Familie magisches Wissen in Form der »alten Weisheiten« weitergegeben. Nach einem einschneidenden Erlebnis in jungen Jahren beschäftigt sich Thea intensiv mit der Thematik des ganzheitlichen Denkens.

Sie begann, die Zukunft für Ihre Freunde aus den Tarotkarten zu lesen. Prognosen, die zu mehr als 80 Prozent eintreffen, bestärken sie in dem Gefühl, dass sie dazu berufen ist, anderen Menschen auf diesem Weg zu helfen.

Es folgte eine mehrjährige Ausbildung in der Schweiz bei einem Orden, dessen Name nicht genannt werden darf.

Thea beherrscht die Symbolik der Göttlichen Magie und der Kabbala, das Kartenlegen, die Trancerückführung sowie Astrologie. Aufgrund dieser Fähigkeiten haben schon viele Menschen in allen möglichen Lebenssituationen Thea's Hilfe gesucht und in Anspruch genommen.

Thea praktiziert ausschließlich weiße Magie und bezieht ihre Kraft und Intuition aus den Wurzeln unseres europäisch-keltischen Kulturgutes und dem Wiccakult.

**Bezugsquelle magischer Produkte
und Kontakt zu Thea**
Welt der Mystik
Destouchesstraße 48
D-80803 München
Telefon 089 / 30 63 76-50
Fax 089 / 30 63 76-59
Internet: www.welt-der-mystik.de
Welt der Mystik in Ebersbach / Fils
Telefon 0 71 63/5 24 36
Die CDs »Year of the wicca« (Lyncx music 1999),
»Luna« (Lyncx music 1998) und »Magic Love«
(Lyncx music 2001) sind erhältlich bei:
Aquarius c/o Silenzio Media Group GmbH
Hainbrunnenstraße 8, 91301 Forchheim
Telefon 0 91 91 / 70 33 15 Fax 0 91 91 / 70 32 90

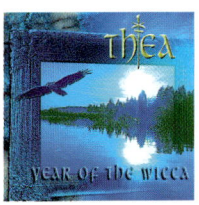

Register

158